MANUEL

DU CONTENTIEUX

DE L'ADMINISTRATION MUNICIPALE.

BIBLIOTHÈQUE ADMINISTRATIVE.

DE L'ORGANISATION ET DES ATTRIBUTIONS DES CONSEILS GÉ-
NÉRAUX DE DÉPARTEMENT ET DES CONSEILS D'ARRONDIS-
SEMENT , par M. Dumesnil, avocat aux Conseils du Roi et à la la cour de
cassation. 1 fort vol. in-8°. Prix 9 fr., et franc de port, 11 fr.

GUIDE DES ÉLECTEURS DES MEMBRES DES CONSEILS GÉNÉRAUX
DE DÉPARTEMENT ET DES CONSEILS D'ARRONDISSEMENT,
propre à faciliter l'intelligence et l'application de la loi du 22 juin 1833,
in-8° (1833 et 1837), prix 3 fr.

PROGRAMME pour la session de 1837 des conseils généraux et des conseils
d'arrondissement, in-8°, prix 2 fr.

MODÈLE D'UNE ASSEMBLÉE ÉLECTORALE EN ACTION (conseils généraux et d'arrondissement), à l'usage de MM. les Maires, Électeurs, etc.,
in-8°, prix 75 c.

DICTIONNAIRE ÉLECTORAL ou nouveau code complet des Élections.
1 vol in-18. Prix : 2 fr.

RÉPERTOIRE ADMINISTRATIF, guide de la classification des affaires publiques. 1 vol. in-8° 3 fr.

JURISPRUDENCE DU CONSEIL D'ÉTAT en matière d'élections municipales, in-8°, prix 2 fr.

JURISPRUDENCE DU CONSEIL D'ÉTAT sur les baux administratifs, in-8°,
prix 75 c.

CRI DE DÉTRESSE JETÉ AUX TROIS POUVOIRS, sur la condition
actuelle des Préfets, Sous-Préfets et de leurs bureaux, in-8°, prix 75 c.

DE LA NÉCESSITÉ D'AMÉLIORER LA SITUATION DES EMPLOYÉS
DE PRÉFECTURE ET DE SOUS-PRÉFECTURE ou appel à l'équité du
pays en faveur de ceux qui font ses affaires, in-8°, prix 1 fr.

MANUEL DE L'ARMEMENT DES GARDES NATIONALES, in-8°, extrait du journal officiel des Gardes nationales, prix 1 fr.

ORDONNANCE SUR L'UNIFORME DE LA GARDE NATIONALE, 25 c.

LOI SUR L'EXPROPRIATION POUR CAUSE D'UTILITÉ PUBLIQUE,
in-8°, prix 75 c.

LOI du 22 mars 1831 sur les gardes nationales de France, in-8°, prix 25 c.

LOI du 14 juillet 1837 sur la Garde nationale de la Seine, in-8°. Prix : 25 c.

Publications périodiques.

L'ÉCOLE DES COMMUNES, JOURNAL DES MAIRES, DES CON-
SEILLERS MUNICIPAUX ET DES CONSEILLERS GÉNÉRAUX ET
D'ARRONDISSEMENT.

Ce recueil que le ministre de l'intérieur, les préfets et les sous-préfets, le *Mo-
niteur*, organe du gouvernement, ont proclamé le meilleur ouvrage périodique
administratif, indique tous les mois aux agens municipaux les devoirs qu'ils ont
à remplir et les travaux qu'ils doivent exécuter. — Plus de 1500 membres des
conseils généraux et d'arrondissement ont choisi l'*École des Communes* pour
organe de leurs travaux, de sorte que ce recueil, qui embrasse l'ensemble de
l'administration publique en France, forme deux parties distinctes sous les
titres suivans :
1re Partie, Journal des travaux des conseils-généraux et d'arrondissement
(*Administration générale*); — 2e Partie, Journal des travaux des maires et
des conseillers municipaux (*Administration communale*). — 12 livraisons par
an. Prix : 15 fr.

RECUEIL DES ARRÊTS DU CONSEIL D'ÉTAT , par M. Beaucousin,
avocat aux conseils du roi, destiné à tenir les administrateurs au courant de
la jurisprudence administrative, 12 livr. par an. Prix 15 fr., franc de port.

JOURNAL OFFICIEL DES GARDES NATIONALES , ouvrage indispensable pour la régularité du service et l'exécution de la loi. Prix 12 fr.

BULLETIN DES CONTRIBUTIONS DIRECTES ET DU CADASTRE,
Prix par an, franc de port, 13 fr.

ANNALES DES CONTRIBUTIONS INDIRECTES ET DES OCTROIS.
Prix par an, 13 fr.

L'INSTITUTEUR, JOURNAL DES ÉCOLES PRIMAIRES, 1 livraison
par mois. Prix par an *franc de port*, 10 fr.

L'AGRICULTEUR, archives des progrès agricoles et des intérêts ruraux accompagné du dictionnaire d'agriculture, 1 livraison par mois. Prix *franco*, 5 fr.

RECUEIL

CONTENANT

LES ORDONNANCES ET CIRCULAIRES

RELATIVES A LA LOI DU 18 JUILLET 1837,

SUR L'ADMINISTRATION MUNICIPALE,

ET

UN EXPOSÉ

DES PRINCIPES DE LÉGISLATION ET DES RÈGLES DE JURISPRUDENCE ADMINISTRATIVE
ET JUDICIAIRE QUI PRÉSIDENT A L'ADMINISTRATION DES COMMUNES.

PAR M. DE CORMENIN.

(EXTRAIT DE L'ÉCOLE DES COMMUNES.)

Prix :  3 fr.

PARIS,

A LA LIBRAIRIE ADMINISTRATIVE

DE PAUL DUPONT ET Cie,
Rue de Grenelle-Saint-Honoré, N° 55, Hôtel des Fermes.

ET CHEZ POURCHET, LIBRAIRE, RUE DES GRÉS, N° 8.

1838.

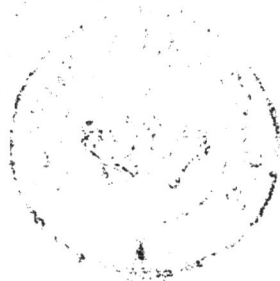

PARIS, IMPRIMERIE DE PAUL DUPONT ET Cⁱᵉ.
ruc de Grenelle-St-Honoré, n. 55.

La loi du 18 juillet 1837, sur l'administration municipale, vient de conférer aux communes des droits qui vont mettre les conseils municipaux en relief, s'agencer avec le système électif, et dégager les communes de cet asservissement dans lequel leurs membres étaient engourdis. En un mot, les communes vont commencer à s'administrer elles-mêmes; non qu'on en doive rester à cet essai. Mais, à mesure que la vie naissante du corps communal se fortifiera, on relâchera les bouts de lisière qui le retiennent encore. La loi actuelle n'est guère que le résumé rationnel et méthodique d'une foule de dispositions reglementaires éparses çà et là, et auxquelles manquait le lien de l'unité et la force législative.

Quand parut cette loi, l'*Association municipale* promit aux abonnés de l'*École des communes* d'en publier le texte avec un commentaire. L'illustre auteur des *Questions de droit administratif*, désirant donner un témoignage public d'estime et d'adhésion à nos efforts pour la propagation de la science administrative, voulut bien mettre à notre disposition, pour la rédaction de notre commentaire, le manuscrit de la portion de son livre qui concernait les communes, pour en extraire ce que nous croirions convenable. Tout le monde connaît la méthode claire, rigoureuse, pleine de force, de concision et de substance, avec laquelle M. de Cormenin a traité les matières administratives; nous acceptâmes son offre avec reconnaissance, et nous nous mîmes à l'œuvre. Mais, en avançant dans cette tâche, nous nous aperçûmes que la loi qu'il s'agissait de commenter touchait plus ou moins à presque toutes les branches de l'administration des communes, et que, pour en bien faire saisir la portée, il fallait sans cesse exposer les principes de la législation et de la jurisprudence antérieure, c'est-à-dire que notre travail devenait un résumé complet de la matière. Nous exposâmes alors

1

notre position à M. de Cormenin, qui, avec une grace parfaite, consentit à l'impression de la totalité de son travail, sauf les modifications, que nous paraîtrait exiger la spécialité de notre recueil.

Ce n'est donc pas un simple commentaire de la loi du 18 juillet dernier que nous publions aujourd'hui ; c'est un corps entier des règles contentieuses (1), tel que M. de Cormenin l'a présenté dans la quatrième édition de ses *Questions de droit* (2), corps beaucoup plus abondant, beaucoup plus vaste, beaucoup plus complet que la loi même, puisqu'il embrasse dans son ensemble tous les principes de législation, de jurisprudence administrative et judiciaire, qui peuvent intéresser le droit des communes vu sous toutes ses faces. Ce travail n'est pas toutefois une simple réimpression. Indépendamment de changemens plus ou moins importans dans la distribution des matières, il a été fait des additions et des corrections nombreuses. Enfin toutes les citations ont été revues avec le soin le plus attentif, et les erreurs de dates ou de noms rectifiées.

Entrés dans cette voie, ne nous bornant pas à un simple commentaire de la loi du 18 juillet, nous avons voulu rendre cette publication aussi utile et complète que possible ; nous y avons donc compris les ordonnances royales et circulaires ministérielles qui sont intervenues depuis la promulgation de la loi, pour en assurer l'exécution.

Nous avons aussi cru faire une chose utile, en offrant à nos lecteurs, d'après M. de Cormenin, la nomenclature des édits, lettres-patentes, lois, décrets, avis du conseil d'état et ordonnances royales, concernant l'administration des communes. Cette nomenclature nous paraît devoir faciliter les recherches et les études.

Sans doute, nous n'avons pas la prétention que les documens que nous avons rassemblés ici puissent lever tous les doutes, répondre à toutes les difficultés que va faire surgir l'application de la loi nouvelle ; la pratique révèle chaque jour des obstacles aux administrateurs les plus exercés, et M. le ministre de l'intérieur est appelé à les aplanir. L'*Ecole des Communes* recueille scrupuleusement ces solutions et les publiera successivement dans la partie de la section de jurisprudence consacrée aux décisions du ministre de l'intérieur.

L'*Association municipale* espère que la présente publication témoignera de son désir constant de servir les intérêts municipaux, et de contribuer aux progrès de l'administration communale.

---

(1) Toutefois, ce qui concerne les élections communales n'a pas été traité ici ; la jurisprudence administrative et judiciaire sur cette matière ayant déjà fait dans l'*Ecole* l'objet de publications très complètes auxquelles nous avons dû nous référer.

(2) 3 volumes in-8°. Prix 24 fr. Chez Gustave Thorel, successeur d'Alex-Gobelet, place du Panthéon, et chez Guyot et Scribe, rue Neuve-des-Petits-Champs, éditeurs.

RECUEIL

CONTENANT

LES ORDONNANCES ET CIRCULAIRES

RELATIVES A LA LOI DU 18 JUILLET 1837,

SUR L'ADMINISTRATION MUNICIPALE.

SOMMAIRE.

LOI SUR L'ADMINISTRATION MUNICIPALE

(DU 18 JUILLET 1837).

TITRE Ier. — Des réunions, divisions et formations de communes.

Art. 1er. Aucune réunion, division ou formation de commune ne pourra avoir lieu que conformément aux règles ci-après.

Art. 2. Toutes les fois qu'il s'agira de réunir plusieurs communes en une seule, ou de distraire une section d'une commune, soit pour la réunir à une autre, soit pour l'ériger eu commune séparée, le préfet prescrira préalablement, dans les communes intéressées, une enquête, tant sur le projet en lui-même que sur ses conditions.

Les conseils municipaux, assistés des plus imposés en nombre égal à celui de leurs membres, les conseils d'arrondissement et le conseil général donneront leur avis.

Art. 3. Si le projet concerne une section de commune, il sera créé, pour cette section, une commission syndicale. Un arrêté du préfet déterminera le nombre des membres de la commission.

Ils seront élus par les électeurs municipaux domiciliés dans la section ; et si le nombre des électeurs n'est pas double de celui des membres à élire, la commission sera composée des plus imposés de la section.

La commission nommera son président. Elle sera chargée de donner son avis sur le projet.

Art. 4. Les réunions et distractions de communes qui modifieront la composition d'un département, d'un arrondissement ou d'un canton, ne pourront être prononcées que par une loi.

Toutes autres réunions et distractions de communes pourront être prononcées par ordonnances du roi, en cas de consentement des conseils municipaux, délibérant avec les plus imposés, conformément à l'article 2 ci-dessus, et, à défaut de ce consentement, pour les communes qui n'ont pas trois cents habitans, sur l'avis affirmatif du conseil général du département.

Dans tous les autres cas, il ne pourra être statué que par une loi.

Art. 5. Les habitans de la commune réunie à une autre commune conserveront la jouissance exclusive des biens dont les fruits étaient perçus en nature.

Les édifices et autres immeubles servant à usage public deviendront propriété de la commune à laquelle sera faite la réunion.

Art. 6. La section de commune érigée en commune séparée ou réunie à une autre commune emportera la propriété des biens qui lui appartenaient exclusivement.

Les édifices et autres immeubles servant à usage public, et situés sur son territoire, deviendront propriété de la nouvelle commune ou de la commune à laquelle sera faite la réunion.

Art. 7. Les autres conditions de la réunion ou de la distraction seront fixées par l'acte qui la prononcera. Lorsqu'elle sera prononcée par une loi, cette fixation pourra être renvoyée à une ordonnance royale ultérieure, sauf réserve, dans tous les cas, de toutes les questions de propriété.

Art. 8. Dans tous les cas de réunion ou fractionnement de communes, les conseils municipaux seront dissous. Il sera procédé immédiatement à des élections nouvelles.

TITRE II. — *Des attributions des maires et des conseils municipaux.*

CHAPITRE Ier. — *Des attributions des maires.*

Art. 9. Le maire est chargé, sous l'autorité de l'administration supérieure :

1° De la publication et de l'exécution des lois et réglemens ;
2° Des fonctions spéciales qui lui sont attribuées par les lois ;
3° De l'exécution des mesures de sûreté générale.

Art. 10. Le maire est chargé, sous la surveillance de l'administration supérieure,

1° De la police municipale, de la police rurale et de la voirie municipale, et de pourvoir à l'exécution des actes de l'autorité supérieure qui y sont relatifs ;

2° De la conservation et de l'administration des propriétés de la commune, et de faire en conséquence tous actes conservatoires de ses droits;

3° De la gestion des revenus, de la surveillance des établissemens communaux et de la comptabilité communale ;

4° De la proposition du budget et de l'ordonnancement des dépenses ;

5° De la direction des travaux communaux ;

6° De souscrire les marchés, de passer les baux des biens et les adjudications des travaux communaux, dans les formes établies par les lois et réglemens ;

7° De souscrire dans les mêmes formes les actes de vente, échange, partage, acceptation de dons ou legs, acquisition, transaction, lorsque ces actes ont été autorisés conformément à la présente loi ;

8° De représenter la commune en justice, soit en demandant, soit en défendant.

Art. 11. Le maire prend des arrêtés à l'effet,

1° D'ordonner les mesures locales sur les objets confiés par les lois à sa vigilance et à son autorité ;

2° De publier de nouveau les lois et réglemens de police, et de rappeler les citoyens à leur observation.

Les arrêtés pris par le maire sont immédiatement adressés au sous-préfet. Le préfet peut les annuler ou en suspendre l'exécution.

Ceux de ces arrêtés qui portent réglement permanent ne seront exécutoires qu'un mois après la remise de l'ampliation constatée par les récépissés donnés par le sous-préfet.

Art. 12. Le maire nomme à tous les emplois communaux pour lesquels la loi ne prescrit pas un mode spécial de nomination. Il suspend et révoque les titulaires de ces emplois.

Art. 13. Le maire nomme les gardes champêtres, sauf l'approbation du conseil municipal. Ils doivent être agréés et commissionnés par le sous-préfet; ils peuvent être suspendus par le maire, mais le préfet peut seul les révoquer.

Le maire nomme également les pâtres communs, sauf l'approbation du conseil municipal. Il peut prononcer leur révocation.

Art. 14. Le maire est chargé seul de l'administration; mais il peut déléguer une partie de ses fonctions à un ou plusieurs de ses adjoints, et, en l'absence des adjoints, à ceux des conseillers municipaux qui sont appelés à en faire les fonctions.

Art. 15. Dans le cas où le maire refuserait ou négligerait de faire un des actes qui lui sont prescrits par la loi, le préfet, après l'en avoir requis, pourra y procéder d'office par lui-même ou par un délégué spécial.

Art. 16. Lorsque le maire procède à une adjudication publique pour le compte de la commune, il est assisté de deux membres du conseil municipal, désignés d'avance par le conseil, ou, à défaut, appelés dans l'ordre du tableau.

Le receveur municipal est appelé à toutes les adjudications.

Toutes les difficultés qui peuvent s'élever sur les opérations préparatoires de l'adjudication, sont résolues, séance tenante, par le maire et les deux conseillers assistans, à la majorité des voix, sauf le recours de droit.

CHAPITRE II. — *Des attributions des conseils municipaux.*

Art. 17. Les conseils municipaux règlent, par leurs délibérations, les objets suivans :

1° Le mode d'administration des biens communaux ;

2° Les conditions des baux à ferme ou à loyer dont la durée n'excède pas dix-huit ans pour les biens ruraux, et neuf ans pour les autres biens ;

3° Le mode de jouissance et la répartition des pâturages et fruits communaux, autres que les bois, ainsi que les conditions à imposer aux parties prenantes ;

4° Les affouages, en se conformant aux lois forestières.

Art. 18. Expédition de toute délibération sur un des objets énoncés en l'article précédent est immédiatement adressée par le maire au sous-préfet, qui en délivre ou fait délivrer récépissé. La délibération est exécutoire si, dans les trente jours qui suivent la date du récépissé, le préfet ne l'a pas annulée, soit d'office, pour violation d'une disposition de loi ou d'un réglement d'administration publique, soit sur la réclamation de toute partie intéressée.

Toutefois, le préfet peut suspendre l'exécution de la délibération pendant un autre délai de trente jours.

Art. 19. Le conseil municipal délibère sur les objets suivans :

1° Le budget de la commune, et, en général, toutes les recettes et dépenses, soit ordinaires, soit extraordinaires;

2° Les tarifs et réglemens de perception de tous les revenus communaux;

3° Les acquisitions, aliénations et échanges des propriétés communales, leur affectation aux différens services publics, et, en général, tout ce qui intéresse leur conservation et leur amélioration;

4° La délimitation ou le partage des biens indivis entre deux ou plusieurs communes ou sections de commune;

5° Les conditions des baux à ferme ou à loyer dont la durée excède dix-huit ans pour les biens ruraux et neuf ans pour les autres biens, ainsi que celles des baux des biens pris à loyer par la commune, quelle qu'en soit la durée;

6° Les projets de constructions, de grosses réparations et de démolitions, et, en général, tous les travaux à entreprendre;

7° L'ouverture des rues et places publiques, et les projets d'alignement de voirie municipale;

8° Le parcours et la vaine pâture;

9° L'acceptation des dons et legs faits à la commune et aux établissemens communaux;

10° Les actions judiciaires et transactions;

Et tous les autres objets sur lesquels les lois et réglemens appellent les conseils municipaux à délibérer.

Art. 20. Les délibérations des conseils municipaux sur les objets énoncés à l'article précédent sont adressées au sous-préfet.

Elles sont exécutoires sur l'approbation du préfet, sauf les cas où l'approbation par le ministre compétent, ou par ordonnance royale, est prescrite par les lois ou par les réglemens d'administration publique.

Art. 21. Le conseil municipal est toujours appelé à donner son avis sur les objets suivans :

1° Les circonscriptions relatives au culte;

2° Les circonscriptions relatives a la distribution des secours publics;

3° Les projets d'alignement de grande voirie dans l'intérieur des villes, bourgs et villages;

4° L'acceptation des dons et legs faits aux établissemens de charité et de bienfaisance;

5° Les autorisations d'emprunter, d'acquérir, d'échanger, d'aliéner, de plaider ou de transiger, demandées par les mêmes établissemens, et par les fabriques des églises et autres administrations préposées à l'entretien des cultes dont les ministres sont salariés par l'état;

6° Les budgets et les comptes des établissemens de charité et de bienfaisance;

7° Les budgets et les comptes des fabriques, et autres administrations préposées à l'entretien des cultes dont les ministres sont salariés par l'état, lorsqu'elles reçoivent des secours sur les fonds communaux;

8° Enfin, tous les objets sur lesquels les conseils municipaux sont appelés par les lois et réglemens à donner leur avis ou seront consultés par le préfet.

Art. 22. Le conseil municipal réclame, s'il y a lieu, contre le contingent assigné à la commune dans l'établissement des impôts de répartition.

Art. 23. Le conseil municipal délibère sur les comptes présentés annuellement par le maire.

Il entend, débat et arrête les comptes de deniers des receveurs, sauf réglement définitif, conformément à l'article 66 de la présente loi.

Art. 24. Le conseil municipal peut exprimer son vœu sur tous les objets d'intérêt local.

Il ne peut faire ni publier aucune protestation, proclamation ou adresse.

Art. 25. Dans les séances où les comptes d'administration du maire sont débattus, le conseil municipal désigne au scrutin celui de ses membres qui exerce la présidence.

Le maire peut assister à la délibération ; il doit se retirer au moment où le conseil municipal va émettre son vote. Le président adresse directement la délibération au sous-préfet.

Art. 26. Lorsque, après deux convocations successives faites par le maire, à huit jours d'intervalle et dûment constatées, les membres du conseil municipal ne se sont pas réunis en nombre suffisant, la délibération prise après la troisième convocation est valable, quel que soit le nombre des membres présents.

Art. 27. Les délibérations des conseils municipaux se prennent à la majorité des voix. En cas de partage, la voix du président est prépondérante.

Art. 28. Les délibérations seront inscrites, par ordre de date, sur un registre coté et paraphé par le sous-préfet. Elles seront signées par tous les membres présens à la séance, ou mention sera faite de la cause qui les aura empêchés de signer.

Art. 29. Les séances des conseils municipaux ne sont pas publiques ; leurs débats ne peuvent être publiés officiellement qu'avec l'approbation de l'autorité supérieure.

Il est voté au scrutin secret toutes les fois que trois des membres présens le réclament.

TITRE III. — *Des dépenses et recettes, et des budgets des communes.*

Art. 30. Les dépenses des communes sont obligatoires ou facultatives. Sont obligatoires les dépenses suivantes :

1° L'entretien, s'il y a lieu, de l'hôtel-de-ville ou du local affecté à la mairie ;

2° Les frais de bureau et d'impression pour le service de la commune;

3° L'abonnement au *Bulletin des Lois ;*

4° Les frais de recensement de la population ;

5° Les frais des registres de l'état civil, et la portion des tables décennales à la charge des communes ;

6° Le traitement du receveur municipal, du préposé en chef de l'octroi, et les frais de perception;

7° Le traitement des gardes des bois de la commune et des gardes champêtres ;

8° Le traitement et les frais de bureau des commissaires de police, tels qu'ils sont déterminés par les lois ;

9° Les pensions des employés municipaux et des commissaires de police, régulièrement liquidées et approuvées ;

10° Les frais de loyer et de réparation du local de la justice de paix, ainsi que ceux d'achat et d'entretien de son mobilier, dans les communes chefs-lieux de canton ;

11° Les dépenses de la garde nationale, telles qu'elles sont déterminées par les lois ;

12° Les dépenses relatives à l'instruction publique, conformément aux lois ;

13° L'indemnité de logement aux curés et desservans, et autres ministres des cultes salariés par l'état, lorsqu'il n'existe pas de bâtiment affecté à leur logement ;

14° Les secours aux fabriques des églises et autres administrations préposées aux cultes dont les ministres sont salariés par l'état, en cas d'insuffisance de leurs revenus, justifiée par leurs comptes et budgets ;

15° Le contingent assigné à la commune, conformément aux lois, dans la dépense des enfans trouvés et abandonnés ;

16° Les grosses réparations aux édifices communaux, sauf l'exécution des lois spéciales concernant les bâtimens militaires et les édifices consacrés au culte;

17° La clôture des cimetières, leur entretien et leur translation, dans les cas déterminés par les lois et réglemens d'administration publique;

18° Les frais des plans d'alignemens;

19° Les frais et dépenses des conseils des prud'hommes, pour les communes où ils siégent; les menus frais des chambres consultatives des arts et manufactures, pour les communes où elles existent;

20° Les contributions et prélèvemens établis par les lois sur les biens et revenus communaux;

21° L'acquittement des dettes exigibles;

Et généralement toutes les autres dépenses mises à la charge des communes par une disposition des lois.

Toutes dépenses autres que les précédentes sont facultatives.

Art. 31. Les recettes des communes sont ordinaires ou extraordinaires.

Les recettes ordinaires des communes se composent,

1° Des revenus de tous les biens dont les habitans n'ont pas la jouissance en nature ;

2° Des cotisations imposées annuellement sur les ayans-droit aux fruits qui se perçoivent en nature ;

3° Du produit des centimes ordinaires affectés aux communes par les lois de finances ;

4° Du produit de la portion accordée aux communes dans l'impôt des patentes ;

5° Du produit des octrois municipaux ;

6° Du produit des droits de place perçus dans les halles, foires, marchés, abattoirs, d'après les tarifs dûment autorisés ;

7° Du produit des permis de stationnement et des locations sur la voie publique, sur les ports et rivières, et autres lieux publics ;

8° Du produit des péages communaux, des droits de pesage, mesurage et jaugeage, des droits de voirie et autres droits légalement établis ;

9° Du prix des concessions dans les cimetières ;

10° Du produit des concessions d'eau, de l'enlèvement des boues et immondices de la voie publique, et autres concessions autorisées pour les services communaux ;

11° Du produit des expéditions des actes administratifs, et des actes de l'état civil ;

12° De la portion que les lois accordent aux communes dans le produit des amendes prononcées par les tribunaux de simple police, par ceux de police correctionnelle et par les conseils de discipline de la garde nationale,

Et généralement du produit de toutes les taxes de ville et de police dont la perception est autorisée par la loi.

Art. 32. Les recettes extraordinaires se composent,

1° Des contributions extraordinaires dûment autorisées;

2° Du prix des biens aliénés ;

3° Des dons et legs ;

4° Du remboursement des capitaux exigibles et des rentes rachetées ;

5° Du produit des coupes extraordinaires de bois ;

6° Du produit des emprunts,

Et de toutes autres recettes accidentelles.

Art. 33. Le budget de chaque commune, proposé par le maire, et voté par le conseil municipal, est définitivement réglé par arrêté du préfet.

Toutefois, le budget des villes dont le revenu est de 100,000 fr., ou plus, est réglé par une ordonnance du roi.

Le revenu d'une commune est réputé atteindre 100,000 fr., lorsque les recettes ordinaires, constatées dans les comptes, se sont élevées à cette somme pendant les trois dernières années.

Il n'est réputé être descendu au dessous de 100,000 fr. que lorsque, pendant les trois dernières années, les recettes ordinaires sont restées inférieures à cette somme.

Art. 34. Les crédits qui pourraient être reconnus nécessaires après le réglement du budget sont délibérés conformément aux articles précédens, et autorisés par le préfet, dans les communes dont il est appelé à régler le budget, et par le ministre, dans les autres communes.

Toutefois, dans ces dernières communes, les crédits supplémentaires pour dépenses urgentes pourront être approuvés par le préfet.

Art. 35. Dans le cas où, par une cause quelconque, le budget d'une commune n'aurait pas été approuvé avant le commencement de l'exercice, les recettes et dépenses ordinaires continueront, jusqu'à l'approbation de ce budget, à être faites conformément à celui de l'année précédente.

Art. 36. Les dépenses proposées au budget d'une commune peuvent être rejetées ou réduites par l'ordonnance du roi, ou par l'arrêté du préfet, qui règle ce budget.

Art. 37. Les conseils municipaux peuvent porter au budget un crédit pour dépenses imprévues.

La somme inscrite pour ce crédit ne pourra être réduite ou rejetée qu'autant que les revenus ordinaires, après avoir satisfait à toutes les dépenses obligatoires, ne permettraient pas d'y faire face, ou qu'elle excèderait le dixième des recettes ordinaires.

Le crédit pour dépenses imprévues sera employé par le maire, avec l'approbation du préfet et du sous-préfet.

Dans les communes autres que les chefs-lieux de département ou d'arrondissement, le maire pourra employer le montant de ce crédit aux dépenses urgentes, sans approbation préalable, à la charge d'en informer immédiatement le sous-préfet, et d'en rendre compte au conseil municipal dans la première session ordinaire qui suivra la dépense effectuée.

Art. 38. Les dépenses proposées au budget ne peuvent être augmentées, et il ne peut y en être introduit de nouvelles par l'arrêté du préfet, ou l'ordonnance du roi, qu'autant qu'elles sont obligatoires.

Art. 39. Si un conseil municipal n'allouait pas les fonds exigés pour une dépense obligatoire, ou n'allouait qu'une somme insuffisante, l'allocation nécessaire serait inscrite au budget par ordonnance du roi, pour les communes dont le revenu est de 100,000 fr. et au dessus, et par arrêté du préfet, en conseil de préfecture, pour celles dont le revenu est inférieur.

Dans tous les cas, le conseil municipal sera préalablement appelé à en délibérer.

S'il s'agit d'une dépense annuelle et variable, elle sera inscrite pour sa quotité moyenne pendant les trois dernières années. S'il s'agit d'une dépense annuelle et fixe de sa nature, ou d'une dépense extraordinaire, elle sera inscrite pour sa quotité réelle.

Si les ressources de la commune sont insuffisantes pour subvenir aux dépenses obligatoires inscrites d'office en vertu du présent article, il y sera pourvu par le conseil municipal, ou, en cas de refus de sa part, au moyen d'une contribution extraordinaire établie par une ordonnance du roi, dans les limites du maximum qui sera fixé annuellement par la loi de finances, et par une loi spéciale, si la contribution doit excéder ce maximum.

Art. 40. Les délibérations du conseil municipal concernant une contribution extraordinaire destinée à subvenir aux dépenses obligatoires ne seront exécutoires qu'en vertu d'un arrêté du préfet, s'il s'agit d'une commune ayant moins de 100,000 fr. de revenu, et d'une ordonnance du roi, s'il s'agit d'une commune ayant un revenu supérieur.

Dans le cas où la contribution extraordinaire aurait pour but de subvenir à d'autres dépenses que les dépenses obligatoires, elle ne pourra être autorisée que par ordonnance du roi, s'il s'agit d'une commune ayant moins de 100,000 fr. de revenu, et par une loi, s'il s'agit d'une commune ayant un revenu supérieur.

Art. 41. Aucun emprunt ne pourra être autorisé que par ordonnance du roi, rendue dans les formes des réglemens d'administration publique, pour les communes ayant moins de 100,000 fr. de revenu, et par une loi, s'il s'agit d'une commune ayant un revenu supérieur.

Néanmoins, en cas d'urgence et dans l'intervalle des sessions, une ordonnance du roi, rendue dans la forme des réglemens d'administration publique, pourra autoriser les communes dont le revenu est de 100,000 fr. et au dessus à contracter un emprunt jusqu'à concurrence du quart de leurs revenus.

Art. 42. Dans les communes dont les revenus sont inférieurs à 100,000 fr., toutes les fois qu'il s'agira de contributions extraordinaires ou d'emprunts, les plus imposés aux rôles de la commune seront appelés à délibérer avec le conseil municipal, en nombre égal à celui des membres en exercice.

Ces plus imposés seront convoqués individuellement par le maire, au moins dix jours avant celui de la réunion.

Lorsque les plus imposés appelés seront absens, ils seront remplacés en nombre égal par les plus imposés portés après eux sur le rôle.

Art. 43. Les tarifs des droits de voirie sont réglés par ordonnance du roi, rendue dans la forme des réglemens d'administration publique.

Art. 44. Les taxes particulières dues par les habitans ou propriétaires, en vertu des lois et des usages locaux, sont réparties par délibération du conseil municipal, approuvée par le préfet.

Ces taxes sont perçues suivant les formes établies pour le recouvrement des contributions publiques.

Art. 45. Aucune construction nouvelle, ou reconstruction entière ou partielle, ne pourra être autorisée que sur la production des projets et devis.

Ces projets et devis seront soumis à l'approbation préalable du ministre compétent, quand la dépense excèdera 30,000 fr., et à celle du préfet, quand elle sera moindre.

TITRE IV. — *Des acquisitions, aliénations, baux, dons et legs.*

Art. 46. Les délibérations des conseils municipaux ayant pour objet des acquisitions, des ventes ou échanges d'immeubles, le partage de biens indivis, sont exécutoires sur arrêté du préfet, en conseil de préfecture, quand il s'agit d'une valeur n'excédant pas 3,000 fr., pour les communes dont le revenu est au dessous de 100,000 fr., et 20,000 fr. pour les autres communes.

S'il s'agit d'une valeur supérieure, il est statué par ordonnance du roi.

La vente des biens mobiliers et immobiliers des communes, autres que ceux qui servent à un usage public, pourra, sur la demande de tout créancier porteur de titres exécutoires, être autorisée par une ordonnance du roi, qui déterminera les formes de la vente.

Art. 47. Les délibérations des conseils municipaux ayant pour objet des baux dont la durée devra excéder dix-huit ans, ne sont exécutoires qu'en vertu d'une ordonnance royale.

Quelle que soit la durée du bail, l'acte passé par le maire n'est exécutoire qu'après l'approbation du préfet.

Art. 48. Les délibérations ayant pour objet l'acceptation des dons et legs d'objets mobiliers ou de sommes d'argent, faits à la commune et aux établissemens communaux, sont exécutoires en vertu d'un arrêté du préfet, lorsque leur valeur n'excède pas 3,000 fr., et en vertu d'une ordonnance du roi, lorsque leur valeur est supérieure ou qu'il y a réclamation des prétendans droit à la succession.

Les délibérations qui porteraient refus de dons et legs, et toutes celles qui concerneraient des dons et legs d'objets immobiliers, ne sont exécutoires qu'en vertu d'une ordonnance du roi.

Le maire peut toujours, à titre conservatoire, accepter les dons et legs, en vertu de la délibération du conseil municipal; l'ordonnance du roi, ou l'arrêté du préfet, qui intervient ensuite, a effet du jour de cette acceptation.

TITRE V. — *Des actions judiciaires et des transactions.*

Art. 49. Nulle commune ou section de commune ne peut introduire une action en justice sans être autorisée par le conseil de préfecture.

Après tout jugement intervenu, la commune ne peut se pourvoir devant un autre degré de juridiction qu'en vertu d'une nouvelle autorisation du conseil de préfecture.

Cependant tout contribuable inscrit au rôle de la commune a le droit d'exercer, à ses frais et risques, avec l'autorisation du conseil de préfecture, les actions qu'il croirait appartenir à la commune ou section, et que la commune ou section, préalablement appelée à en délibérer, aurait refusé ou négligé d'exercer.

La commune ou section sera mise en cause, et la décision qui interviendra aura effet à son égard.

Art. 50. La commune, section de commune ou le contribuable auquel l'autorisation aura été refusée, pourra se pourvoir devant le roi, en conseil d'état. Le pourvoi sera introduit et jugé en la forme administrative. Il devra, à peine de déchéance, avoir lieu dans le délai de trois mois, à dater de la notification de l'arrêté du conseil de préfecture.

Art. 51. Quiconque voudra intenter une action contre une commune ou section de commune sera tenu d'adresser préalablement au préfet un mémoire exposant les motifs de sa réclamation. Il lui en sera donné récépissé.

La présentation du mémoire interrompra la prescription et toutes déchéances.

Le préfet transmettra le mémoire au maire, avec l'autorisation de convoquer immédiatement le conseil municipal pour en délibérer.

Art. 52. La délibération du conseil municipal sera, dans tous les cas, transmise au conseil de préfecture, qui décidera si la commune doit être autorisée à ester en jugement.

La décision du conseil de préfecture devra être rendue dans le délai de deux mois, à partir de la date du récépissé énoncé en l'article précédent.

Art. 53. Toute décision du conseil de préfecture portant refus d'autorisation devra être motivée.

En cas de refus de l'autorisation, le maire pourra, en vertu d'une délibération du conseil municipal, se pourvoir devant le roi, en son conseil d'état, conformément à l'article 50 ci-dessus.

Il devra être statué sur le pourvoi dans le délai de deux mois, à partir du jour de son enregistrement au secrétariat général du conseil d'état.

Art. 54. L'action ne pourra être intentée qu'après la décision du conseil de préfecture, et, à défaut de décision dans le délai fixé par l'article 52, qu'après l'expiration de ce délai.

En cas de pourvoi contre la décision du conseil de préfecture, l'instance sera suspendue jusqu'à ce qu'il ait été statué sur le pourvoi, et, à défaut de décision dans le délai fixé par l'article précédent, jusqu'à l'expiration de ce délai.

En aucun cas, la commune ne pourra défendre à l'action qu'autant qu'elle y aura été expressément autorisée.

Art. 55. Le maire peut toutefois, sans autorisation préalable, intenter toute action possessoire, ou y défendre, et faire tous autres actes conservatoires ou interruptifs des déchéances.

Art. 56. Lorsqu'une section est dans le cas d'intenter ou de soutenir une action judiciaire contre la commune elle-même, il est formé, pour cette section, une commission syndicale de trois ou cinq membres, que le préfet choisit parmi les électeurs municipaux, et, à leur défaut, parmi les citoyens les plus imposés.

Les membres du corps municipal qui seraient intéressés à la jouissance des biens ou droits revendiqués par la section ne devront point participer aux délibérations du conseil municipal relatives au litige.

Ils seront remplacés, dans toutes ces délibérations, par un nombre égal d'électeurs municipaux de la commune, que le préfet choisira parmi les habitans ou propriétaires étrangers à la section.

L'action est suivie par celui de ses membres que la commission syndicale désigne à cet effet.

Art. 57. Lorsqu'une section est dans le cas d'intenter ou de soutenir une action judiciaire contre une autre section de la même commune, il sera formé, pour chacune des sections intéressées, une commission syndicale, conformément à l'article précédent.

Art. 58. La section qui aura obtenu une condamnation contre la commune, ou contre une autre section, ne sera point passible des charges ou contributions imposées pour l'acquittement des frais et dommages-intérêts qui résulteraient du fait du procès.

Il en sera de même à l'égard de toute partie qui aurait plaidé contre une commune ou une section de commune.

Art. 59. Toute transaction consentie par un conseil municipal ne peut être exécutée qu'après l'homologation par ordonnance royale, s'il s'agit d'objets immobiliers ou d'objets mobiliers d'une valeur supérieure à 3,000 fr., et par arrêté du préfet en conseil de préfecture, dans les autres cas.

TITRE VI — *Comptabilité des communes.*

Art. 60. Les comptes du maire, pour l'exercice clos, sont présentés au conseil municipal avant la délibération du budget. Ils sont définitivement approuvés par les préfets pour les communes dont le revenu est inférieur à 100,000 fr., et par le ministre compétent, pour les autres communes.

Art. 61. Le maire peut seul délivrer des mandats. S'il refusait d'ordonnancer une dépense régulièrement autorisée et liquide, il serait prononcé par le préfet en conseil de préfecture.

L'arrêté du préfet tiendrait lieu du mandat du maire.

Art. 62. Les recettes et dépenses communales s'effectuent par un comptable chargé seul, et sous sa responsabilité, de poursuivre la rentrée de tous revenus de la commune et de toutes sommes qui lui seraient dues, ainsi que d'acquitter les dépenses ordonnancées par le maire, jusqu'à concurrence des crédits régulièrement accordés.

Tous les rôles de taxe, de sous-répartitions et de prestations locales devront être remis à ce comptable.

Art. 63. Toutes les recettes municipales pour lesquelles les lois et réglemens n'ont pas prescrit un mode spécial de recouvrement s'effectuent sur des états dressés par le maire. Ces états sont exécutoires après qu'ils ont été visés par le sous-préfet.

Les oppositions, lorsque la matière est de la compétence des tribunaux ordinaires, sont jugées comme affaires sommaires, et la commune peut y défendre, sans autorisation du conseil de préfecture.

Art. 64. Toute personne, autre que le receveur municipal, qui, sans autorisation légale, se serait ingérée dans le maniement des deniers de la commune, sera, par ce seul fait, constituée comptable ; elle pourra en outre être poursuivie en vertu de l'article 258 du code pénal, comme s'étant immiscée sans titre dans des fonctions publiques.

Art. 65. Le percepteur remplit les fonctions de receveur municipal.

Néanmoins, dans les communes dont le revenu excède 30,000 fr., ces fonctions sont confiées, si le conseil municipal le demande, à un receveur municipal spécial. Il est nommé par le roi, sur trois candidats que le conseil municipal présente.

Les dispositions du premier paragraphe ci-dessus ne seront applicables aux communes ayant actuellement un receveur municipal, que sur la demande du conseil municipal ou en cas de vacance.

Art. 66. Les comptes du receveur municipal sont définitivement apurés par le conseil de préfecture, pour les communes dont le revenu n'excède pas 30,000 fr., sauf recours à la cour des comptes.

Les comptes des receveurs des communes dont le revenu excède 30,000 fr., sont réglés et apurés par ladite cour.

Les dispositions ci-dessus, concernant la juridiction des conseils de préfecture et de la cour des comptes sur les comptes des receveurs municipaux, sont applicables aux comptes des trésoriers des hôpitaux et autres établissemens de bienfaisance.

Art. 67. La responsabilité des receveurs municipaux et les formes de la comptabilité des communes seront déterminées par des réglemens d'administration publique. Les receveurs municipaux seront assujétis, pour l'exécution de ces réglemens, à la surveillance des receveurs des finances.

Dans les communes où les fonctions de receveur municipal et de percepteur sont réunies, la gestion du comptable est placée sous la responsabilité du receveur des finances de l'arrondissement.

Art. 68. Les comptables qui n'auront pas présenté leurs comptes dans les délais prescrits par les réglemens pourront être condamnés, par l'autorité chargée de les juger, à une amende de 10 fr. à 100 fr., par chaque mois de retard, pour les receveurs et trésoriers justiciables des conseils de préfecture, et de 50 fr. à 500 fr., également par mois de retard, pour ceux qui sont justiciables de la cour des comptes.

Ces amendes seront attribuées aux communes ou établissemens que concernent les comptes en retard.

Elles seront assimilées aux débets de comptables, et le recouvrement pourra en être suivi par corps, conformément aux articles 8 et 9 de la loi du 17 avril 1832.

Art. 69. Les budgets et les comptes des communes restent déposés à la mairie, où toute personne imposée aux rôles de la commune a droit d'en prendre connaissance.

Ils sont rendus publics par la voie de l'impression, dans les communes dont le revenu est de 100,000 fr. ou plus, et dans les autres, quand le conseil municipal a voté la dépense de l'impression.

TITRE VII. — *Des intérêts qui concernent plusieurs communes.*

Art. 70. Lorsque plusieurs communes possèdent des biens ou des droits par indivis, une ordonnance du roi instituera, si l'une d'elles le réclame, une commission syndicale composée de délégués des conseils municipaux des communes intéressées.

Chacun des conseils élira dans son sein, au scrutin secret et à la majorité des voix, le nombre de délégués qui aura été déterminé par l'ordonnance du roi.

La commission syndicale sera renouvelée tous les trois ans, après le renouvellement partiel des conseils municipaux.

Les délibérations prises par la commission ne sont exécutoires que sur l'approbation du préfet, et demeurent d'ailleurs soumises à toutes les règles établies pour les délibérations des conseils municipaux.

Art. 71. La commission syndicale sera présidée par un syndic qui sera nommé par le préfet et choisi parmi les membres qui la composent.

Les attributions de la commission syndicale et du syndic, en ce qui touche les biens et les droits indivis, seront les mêmes que celles des conseils municipaux et des maires pour l'administration des propriétés communales.

Art. 72. Lorsqu'un même travail intéressera plusieurs communes, les conseils municipaux seront spécialement appelés à délibérer sur leurs intérêts respectifs et sur la part de la dépense que chacune d'elles devra supporter. Ces délibérations seront soumises à l'approbation du préfet.

En cas de désaccord entre les conseils municipaux, le préfet prononcera, après avoir entendu les conseils d'arrondissement et le conseil-général. Si les conseils municipaux appartiennent à des départemens différens, il sera statué par ordonnance royale.

La part de la dépense définitivement assignée à chaque commune sera portée d'office aux budgets respectifs, conformément à l'article 39 de la présente loi.

Art. 73. En cas d'urgence, un arrêté du préfet suffira pour ordonner les travaux, et pourvoira à la dépense à l'aide d'un rôle provisoire. Il sera procédé ultérieurement à sa répartition définitive, dans la forme déterminée par l'article précédent.

TITRE VIII. — *Disposition spéciale.*

Art. 74. Il sera statué par une loi spéciale sur l'administration municipale de la ville de Paris.

Signé LOUIS-PHILIPPE.

ORDONNANCES DU ROI.

Ordonnance du roi, du 17 septembre 1837, pour l'exécution de la loi du 18 juillet 1837, sur l'administration municipale. (Voir, pages 20 et suivantes, cette ordonnance intercalée dans une instruction du ministre des finances, qui en développe le sens et les motifs.)

Ordonnance du roi, du 27 septembre 1837, qui détermine la gestion à partir de laquelle seront appliquées les dispositions de l'article 66 de la loi du 18 juillet 1837, relatives à l'apurement des comptes des receveurs des communes et des établissemens de bienfaisance.

LOUIS-PHILIPPE, etc.,

Sur le rapport de notre ministre secrétaire d'état au département de l'intérieur,

Vu l'article 66 de la loi du 18 juillet 1837, sur l'administration municipale,

Avons ordonné, etc. :

Art. 1er. La disposition de l'article 66 de la loi du 18 juillet 1837, qui détermine les attributions respectives de la cour des comptes et des conseils de préfecture pour l'apurement des comptes des communes et des établissemens de bienfaisance, recevra son application à partir des comptes de la gestion 1837.

Art. 2. Néanmoins, en cas de mutation de receveurs survenue dans le cours de l'année 1837, la partie du compte afférente à la gestion de cette année sera jugée par la même autorité que celle qui aura à connaître des opérations de 1836.

Art. 3. Nos ministres de l'intérieur et des finances sont chargés, chacun en ce qui le concerne, de l'exécution de la présente ordonnance.

CIRCULAIRES ET INSTRUCTIONS.

CIRCULAIRE DU MINISTRE DE L'INTÉRIEUR.

Exécution de la loi du 18 juillet 1837 sur l'administration municipale.

Paris, le 17 août 1837.

Monsieur le préfet, la loi du 18 juillet dernier, sur l'administration municipale, a apporté quelques modifications aux réglemens antérieurs, en ce qui concerne l'approbation préalable, par le roi ou par le ministre de l'intérieur, de certains actes délibérés par les conseils municipaux.

Afin de lever toute incertitude pour l'instruction des affaires dans les bureaux des préfectures, j'ai jugé nécessaire de vous adresser une nomenclature des actes d'administration municipale que vous n'aurez plus désormais à soumettre préalablement au ministère de l'intérieur :

I. Les *acquisitions* d'immeubles, quand le prix ne s'élèvera pas au dessus de 3,000 fr., pour les communes dont le revenu est au dessous de 100,000 fr., et 20,000 fr. pour les autres communes (art. 46 de la loi).

Cette disposition ne s'applique pas toutefois au cas où il s'agirait d'une expropriation pour cause d'utilité communale. Il n'est pas dérogé, sous ce rapport, à la loi du 7 juillet 1833.

II. Les *aliénations* des immeubles appartenant aux communes, d'une valeur qui n'excède pas 3,000 fr. pour les communes dont le revenu est au dessous de 100,000 fr., et 20,000 fr. pour les autres (art. 46). Les rentes sur l'état continuent à être considérées comme immeubles, et la valeur de 3,000 fr. et de 20,000 fr. devra être évaluée d'après son produit, estimé au cours de la bourse de Paris, à l'époque de la dernière formalité de l'instruction.

Toutefois, vous me soumettriez, pour être autorisées, s'il y avait lieu, par ordonnances royales, les aliénations soit mobilières, soit immobilières, bien qu'il s'agit d'une valeur inférieure à 3,000 fr., si ces aliénations étaient provoquées par des créanciers porteurs de titres exécutoires, conformément au paragraphe 3 de l'article 46.

III. Les *baux*, quel qu'en soit le prix, et sans distinction quant à l'importance des revenus de la commune, dont la durée n'excédera pas dix-huit ans (art. 47).

Les délibérations des conseils municipaux, relatives à des baux, sont exécutoires sans approbation préalable, lorsque les baux n'excèdent pas, savoir : dix-huit ans pour les biens ruraux et neuf ans pour les autres biens (art. 17).

Ceux de ces derniers baux dont la durée excéderait neuf années, sans aller au-delà de dix-huit, sont approuvés définitivement par les préfets (art. 17 et 47 combinés).

Par analogie, il faudrait suivre les mêmes règles si, au lieu d'un bail, il s'agissait de l'affectation à tel ou tel service public, qui ne serait pas entièrement municipal de sa nature, d'un immeuble appartenant à la commune.

IV. Les *constructions* ou *reconstructions* dont la dépense n'excèdera pas 30,000 fr. (art. 45).

V. Les crédits additionnels *pour dépenses urgentes* dans les budgets réglés par le roi. Seulement, vous devrez avoir soin de n'autoriser de ces crédits que dans les cas où le retard pourrait compromettre un service essentiel et lorsque l'excédant des recettes en laissera la possibilité. Dans tous les cas, vous me rendrez immédiatement compte de ces dispositions tout exceptionnelles.

VI. Les *échanges* d'immeubles, lorsque la valeur estimative d'aucun des deux immeubles qui font l'objet de l'échange n'excède 3,000 fr. pour les communes dont le revenu est au dessous de 100,000 fr. et 20,000 fr. pour les autres communes (art. 46).

VII. Les *impositions extraordinaires* destinées à subvenir à des dépenses obligatoires, dans les communes dont le revenu ne s'élève pas à 100,000 fr. (art. 40).

Pour faire une juste application de cette disposition, il est indispensable de se reporter à l'article 30 de la loi qui détermine les dépenses obligatoires des communes.

Ce sont, 1° *l'entretien*, s'il y a lieu, de l'hôtel de ville ou du local affecté à la mairie. Par conséquent, s'il s'agissait d'acquérir ou de construire une maison commune, vous ne seriez pas compétent, dans ce cas, monsieur le préfet, pour approuver l'imposition, et vous devriez me transmettre le dossier.

2° Les frais de bureau et impressions pour le service de la commune.

3° L'abonnement au *Bulletin des lois*.

4° Les frais de recensement de la population.

5° Les frais de registres de l'état civil et la portion des tables décennales à la charge des communes.

6° Le traitement du receveur municipal, du préposé en chef de l'octroi et les frais de perception.

7° Le traitement des garde-bois de la commune et des gardes champêtres.

Pour cette dépense, vous aurez soin, monsieur le préfet, de n'approuver d'imposition qu'autant que les ressources indiquées par l'article 109 du Code forestier seraient insuffisantes.

8° Le traitement et les frais de bureau des commissaires de police, tels qu'ils sont déterminés par les lois.

La fixation dont il s'agit dans cet article est celle qui, dans le dernier état de la législation, résulte de l'arrêté du gouvernement, du 17 germinal an 11, et du décret du 22 mars 1813.

Si la commune allouait à son commissaire de police un supplément de traitement et des frais de bureau, au-delà de ces fixations, ce serait là une dépense facultative pour laquelle il ne vous appartiendrait plus d'autoriser l'imposition ; il faudrait nécessairement m'en référer.

9° Les pensions des employés municipaux et des commissaires de police, régulièrement liquidées et approuvées.

10° Les frais de loyer et de réparation du local de la justice de paix, ainsi que ceux d'achat et d'entretien de son mobilier, dans les communes chefs-lieux de canton.

Même observation que pour la dépense obligatoire, n° 1.

11° Les dépenses de la garde nationale, telles qu'elles sont déterminées par les lois.

La loi à laquelle il convient de se référer pour compléter cette disposition, est celle du 22 mars 1831 (art. 81).

Les dépenses pour tous autres objets que ceux énumérés dans cette loi deviendraient facultatives, et dès lors l'imposition qu'elles nécessiteraient ne pourrait être autorisée que par ordonnance royale.

12° Les dépenses relatives à l'instruction publique, conformément aux lois.

La loi du 28 juin 1833, confirmée par la loi annuelle des finances, a fixé à trois centimes additionnels le montant obligatoire des dépenses des communes pour l'instruction publique. Vous n'auriez donc qualité pour statuer que sur les impositions qui ne dépasseraient pas cette limite. Celles qui s'élèveraient au-delà devraient être l'objet d'ordonnances royales. Les supplémens de traitement votés en faveur des instituteurs sont spécialement dans ce cas.

Quant aux autres dépenses de l'instruction publique, il faut se référer à la loi du 11 floréal an 10, aux décrets des 17 septembre 1808 et 15 novembre 1811, qui mettent à la charge des communes l'entretien des bâtimens des colléges royaux et académies établis dans leur enceinte. Cette dépense étant obligatoire, vous pouvez approuver les impositions destinées à y pourvoir.

13° l'indemnité de logement aux curés et desservans et autres ministres des cultes salariés par l'état, lorsqu'il n'existe pas de bâtiment affecté à leur logement.

L'obligation des communes n'étant pas de fournir le logement en nature, s'il n'existe pas de bâtiment destiné à cet usage, les impositions pour acquisition d'un presbytère s'appliqueraient à une dépense facultative, et dès lors elles ne pour-raient être approuvées par vous,

Il en serait de même des supplémens de traitement accordés aux desservans, qu'il ne faut pas confondre avec les traitemens des vicaires, qui sont obligatoires pour les communes à défaut de ressources des fabriques.

14° Les secours aux fabriques des églises et autres administrations préposées aux cultes dont les ministres sont salariés par l'état, en cas d'insuffisance de leurs revenus, justifiée par leurs comptes et budgets (voir, à cet égard, le décret du 30 décembre 1809, et la loi du 14 février 1810).

15° Le contingent assigné à la commune, conformément aux lois, dans la dé-pense des enfans trouvés et abandonnés.

16° Les grosses réparations aux édifices communaux, sauf l'exécution des lois spéciales, concernant les bâtimens militaires et les édifices consacrés au culte.

17° La clôture des cimetières, leur entretien et leur translation dans les cas déterminés par les lois et les réglemens d'administration publique.

Cette disposition doit être appliquée même aux impositions votées pour acqui-sitions de terrains nécessaires à l'agrandissement des anciens cimetières ou à l'é-tablissement des nouveaux.

18° Les frais des plans d'alignement.

19° Les frais et dépenses des conseils des prud'hommes pour les communes où ils siégent ; les menus frais des chambres consultatives des arts et manufactures, pour les communes où elles existent.

20° Les contributions et prélèvemens établis par les lois sur les biens et reve-nus communaux.

L'abonnement pour les droits sur les liquides, autorisé par la loi du 28 avril 1816, étant purement facultatif pour les communes, les impositions votées pour pourvoir à ces abonnemens ne pourraient être autorisées que par ordonnance royale.

21° L'acquittement des dettes exigibles, et généralement toutes les autres dé-penses mises à la charge des communes par une disposition des lois.

Au nombre de ces dernières se trouve la dépense d'entretien des chemins vici-naux, déclarée obligatoire par la loi du 21 mai 1836, jusqu'à concurrence de cinq centimes additionnels autorisés par la loi des finances.

Les impositions excédant cette limite, ne s'appliquant par conséquent qu'à une dépense facultative, ne pourraient être approuvées par vous, monsieur le préfet.

Parmi les dépenses obligatoires qui n'ont pas été rappelées par la loi du 18 juillet 1837, mais qui, résultant de lois spéciales, se trouvent confirmées par le paragraphe ci-dessus de l'article 30, il faut comprendre aussi les frais de loge-ment des présidens des cours d'assises (décret du 27 février 1811) ; — les frais de route des indigens envoyés aux eaux minérales (arrêté du gouvernement du 29 floréal an 7) ; — les frais d'établissement et de service des entrepôts de douanes, lorsque les villes ont été autorisées à en créer, conformément à la loi du 27 fé-vrier 1832.

Dans tous ces cas et autres semblables, les impositions votées pourraient être approuvées par vous, dans les communes dont le revenu est au dessous de 100,000 fr.

Pour toutes autres dépenses non justifiées obligatoires, vous continuerez, mon-sieur le préfet, à m'adresser, comme par le passé, les demandes d'impositions formées par les communes, après les avoir instruites conformément aux règles prescrites.

Il arrivera souvent que la même délibération contiendra, par exemple, la de-mande d'une acquisition et celle de l'imposition extraordinaire, pour en payer le prix. S'il s'agit d'une dépense facultative, comme serait celle de l'établissement d'une mairie, et que le prix de l'acquisition ne dépasse pas 3,000 fr., il en ré-sultera que c'est à vous qu'il appartiendra de statuer sur l'acquisition, tandis que j'aurais à faire prononcer par ordonnance royale sur l'imposition. L'hypothèse opposée peut se présenter également, c'est-à-dire que s'il s'agit, par exemple, d'une acquisition de terrain pour un cimetière, dont le prix s'élève au-delà de

3,000 fr., j'aurai à faire statuer par ordonnance royale sur cette acquisition, tandis que l'imposition votée pour en payer le montant devra être autorisée par vous, puisqu'il s'agit d'une dépense obligatoire. — Dans le premier cas, en me soumettant vos propositions pour imposition, vous me ferez connaître que vous êtes disposé à approuver l'acquisition, et je ferai dès lors prononcer sur l'imposition, en vous laissant le soin d'autoriser définitivement l'acquisition, après que l'imposition aura été approuvée. — Dans l'autre cas, en me soumettant la demande d'acquisition, vous me ferez connaître que vous êtes déterminé à approuver l'imposition, dès que l'acquisition aura été autorisée par le roi.

Je continue la série des cas dans lesquels il vous appartient de donner des solutions.

VIII. Les *legs* et *donations* d'objets mobiliers dont la valeur n'excèdera pas 3,000 fr., s'il n'y a d'ailleurs aucune réclamation de prétendans droit à la succession (art. 48).

Dans le cas où le legs serait d'une valeur indéterminée, comme s'il s'agissait, par exemple, d'une libéralité à titre universel, vous devriez, dans le doute, me transmettre les pièces, pour qu'il fût statué par ordonnance royale.

IX. Les réglemens relatifs au *mode de jouissance* et à la *répartition des pâturages* et fruits communaux et des affouages.

L'article 17 attribue aux conseils municipaux le droit de régler ces objets, à la charge de se conformer aux lois forestières, en ce qui concerne les affouages, et sauf réformation de leur délibération par le préfet, dans les cas prévus par le §1er de l'article 18. Cette disposition emporte virtuellement abrogation du décret du 9 brumaire an 13.

X. Les partages des biens indivis entre les communes et les particuliers, quand la valeur des biens à partager ne s'élève pas au dessus de 3,000 fr. (art. 46).

La loi n'a parlé, dans aucune de ses dispositions, des partages individuels, entre les habitans d'une même commune, des terrains qui leur appartiennent, partages autorisés par la loi du 10 juin 1793. Il résulte clairement de la discussion des chambres que le silence du législateur a été volontaire, et que son intention a été de maintenir, à cet égard, jusqu'à nouvel ordre, la législation existante. Vous continuerez donc à m'adresser, comme par le passé, les délibérations des conseils municipaux relatives à cet objet. Je ne veux parler ici, au surplus, que des partages définitifs du fonds. S'il ne s'agissait que d'un simple partage temporaire de jouissance, ce ne serait là véritablement qu'un bail rural qui tomberait dans l'application de l'article 17 de la loi.

XI. Enfin, les *transactions* sur objets mobiliers seulement, et dont la valeur n'excède pas 3,000 fr.

Telles sont, monsieur le préfet, les affaires sur lesquelles vous n'aurez plus, sauf les exceptions que j'ai indiquées, à m'entretenir désormais, si ce n'est pour me demander, au besoin, des instructions.

Par application de ces nouvelles règles, j'ai l'honneur de vous renvoyer divers dossiers que vous m'avez adressés et sur lesquels vous aurez à rendre des décisions. Chaque envoi est accompagné d'un bordereau dont vous voudrez bien m'adresser un double, signé de vous, pour récépissé.

Je vous fais aussi indistinctement le renvoi de toutes les délibérations relatives à des impositions applicables aux dépenses ordinaires des communes ; à peu d'exceptions près (comme pour ce qui concerne les supplémens de traitement des desservans et des instituteurs), c'est à vous qu'il appartient de rendre ces délibérations exécutoires.

Vous aurez à m'adresser sans retard vos propositions quant à celles de ces impositions qui doivent être soumises à la sanction royale.

Vous voudrez bien aussi remarquer qu'il n'est rien changé aux règles existantes en ce qui concerne les *emprunts*, non plus que les *concessions* pour sépultures privées dans les cimetières. Ce dernier objet, qui réunit à la fois les caractères d'un acte de propriété, d'une mesure de police et d'une taxe locale (loi de finances du 20 juillet 1837), ne saurait rentrer convenablement dans aucune des classifications de la loi.

Vous continuerez donc à instruire ces affaires comme par le passé.

Je ne puis, monsieur le préfet, en terminant cette circulaire, que vous inviter à étudier avec attention toutes les parties de la nouvelle loi sur l'administration municipale, afin d'en assurer l'exécution complète et régulière dans les communes de votre département.

Si vous étiez arrêté par quelques difficultés, vous voudriez bien m'en référer, et je m'empresserais de vous faire connaître mon opinion sur la marche qu'il y aurait à suivre.

J'ai fait imprimer des exemplaires de la loi, et je vous en remets ci-joint quelques uns pour le service de vos bureaux et de ceux des sous-préfectures.

Agréez, etc.

Le pair de France, ministre de l'intérieur,
Signé MONTALIVET.

CIRCULAIRE DU MINISTRE DE L'INTÉRIEUR.

Exécution des articles 11 et 18 de la loi du 18 juillet 1837, sur l'administration municipale.

Paris, le 6 septembre 1837.

Monsieur le préfet, parmi les dispositions de la loi du 18 juillet dernier, sur l'administration municipale, dont vous avez à assurer l'exécution, il en est deux sur lesquelles il m'a paru nécessaire d'appeler votre attention particulière. Je veux parler des articles 11 et 18, qui donnent aux arrêtés des maires portant réglement permanent, et aux délibérations des conseils municipaux, dans certains cas, force exécutoire, si ces arrêtés ou ces délibérations n'ont pas été annulés par les préfets dans le délai d'un mois à dater de la remise de ces actes au sous-préfet, constatée par le récépissé de ce fonctionnaire.

Vous concevez, monsieur le préfet, l'importance extrême qu'il y a, pour le bon ordre de l'administration générale et pour l'utilité particulière des communes, à ce que vous ne laissiez pas écouler ce délai sans avoir fait un examen attentif des arrêtés et délibérations dont il s'agit, de manière à vous assurer qu'ils ne contiennent rien qui doive en arrêter l'exécution. L'administration préfectorale encourrait en effet une grave responsabilité, si, faute de vigilance, elle avait laissé exécuter, dans une commune, une mesure contraire aux lois ou aux intérêts qu'elle est appelée à protéger.

Je vous invite donc à éveiller, sur ce point, la sollicitude de MM. les sous-préfets, pour qu'ils ne négligent pas de vous transmettre immédiatement les actes de la nature de ceux auxquels s'applique l'espèce de mise en demeure établie par les articles 11 et 18 de la loi du 18 juillet.

Ce dernier article vous autorise à suspendre, pendant un nouveau mois, l'exécution des délibérations prises par les conseils municipaux, en vertu de l'article 17 : ce qui vous assure deux mois pour examiner les mesures arrêtées par ces conseils, et annuler, s'il y a lieu, les délibérations; mais je n'ai pas besoin de vous faire remarquer que vous ne devriez vous ménager ce délai que dans les circonstances graves. Un usage trop fréquent de cette faculté entraînerait des retards toujours préjudiciables aux affaires, retards qu'il a été dans l'esprit général de la loi de prévenir.

Il ne faut pas perdre de vue que la promptitude des décisions est une des conditions essentielles de toute bonne administration, et je ne saurais trop vous recommander, en ce qui concerne notamment les nouvelles attributions que la loi du 18 juillet vous confère, de n'apporter que le moindre délai possible à l'expédition des affaires.

Recevez, etc.

Le pair de France, ministre de l'intérieur,
Signé MONTALIVET.

CIRCULAIRE DU MINISTRE DES FINANCES AUX RECEVEURS GÉNÉRAUX ET PARTICULIERS DES FINANCES.

Notification d'une ordonnance royale en date du 17 septembre 1837, pour l'exécution de la loi du 18 juillet 1837, sur l'administration municipale. — Explications sur plusieurs articles de cette loi.

Paris, le 30 septembre 1837.

Vous trouverez ci-après, monsieur, le texte de l'ordonnance royale, en date du 17 septembre, qui a été rendue pour assurer l'exécution de l'article 67 de la loi du 18 juillet 1837 sur l'administration municipale, lequel place tous les receveurs des communes, sans exception, sous la surveillance des receveurs particuliers et généraux des finances, et rend absolue la responsabilité de ces derniers comptables, à l'égard de la gestion des receveurs municipaux qui réunissent à leurs fonctions celles de percepteur des contributions directes. Vous remarquerez que cette ordonnance modifie, sur plusieurs points essentiels, le titre II de l'ordonnance royale du 19 novembre 1826, concernant la surveillance et la responsabilité des receveurs des finances à l'égard des percepteurs chargés de la recette des revenus des hospices et des communes, et qu'elle accroît les garanties déjà données aux comptables surveillans. Pour vous faciliter l'intelligence des dispositions de la nouvelle ordonnance et la connaissance des obligations qu'elle impose, j'ai consigné, après chaque article, les explications qui ont été reconnues nécessaires et les mesures que son exécution m'a paru réclamer.

ORDONNANCE DU ROI.

Saint-Cloud, le 17 septembre 1837.

Louis-Philippe, roi des Français,
Sur le rapport de notre ministre secrétaire d'état des finances;
Vu l'arrêté du gouvernement du 19 vendémiaire an 12, le décret du 27 février 1811, et les ordonnances des 31 octobre 1821 et 23 avril 1823, concernant la comptabilité des receveurs des communes et établissemens de bienfaisance, et les contrôles auxquels elle est assujétie;
Vu l'ordonnance du 19 novembre 1826, qui a placé sous la surveillance et la responsabilité des receveurs des finances la gestion des receveurs des communes et des établissemens charitables qui sont, en même temps, chargés de la perception des contributions directes;
Vu l'article 67 de la loi du 18 juillet 1837, sur l'administration municipale, qui étend cette surveillance sur tous les receveurs des communes indistinctement, et qui rend plus absolue la responsabilité des receveurs des finances à l'égard de ceux des comptables qui réunissent les fonctions de receveur municipal à celles de percepteur;
Considérant que les trésoriers des hôpitaux et autres établissemens charitables sont soumis aux mêmes règles de comptabilité et de surveillance que les receveurs des communes, et que les dispositions de l'article 67 de la loi du 18 juillet précité leur sont conséquemment applicables;
Voulant assurer l'exécution de cet article, en déterminant les nouvelles obligations que les receveurs des finances vont avoir à remplir, et compléter, en même temps, les garanties que les réglemens ont accordées à ces comptables, en maintenant les cautionnemens des receveurs subordonnés dans la proportion fixée par

les articles 82 et 83 de la loi du 28 avril 1816; — Notre conseil d'état entendu, — Nous avons ordonné et ordonnons ce qui suit:

TITRE Ier.—*Surveillance des receveurs des finances sur les receveurs spéciaux des communes et établissemens de bienfaisance.*

Art. 1er. Les receveurs généraux et particuliers des finances sont chargés de surveiller, conformément aux instructions de notre ministre des finances, les caisses et la tenue des écritures des receveurs spéciaux des communes et des établissemens de bienfaisance situés dans leur arrondissement, et généralement toutes les parties du service confié à ces comptables.

Le considérant de l'ordonnance indique suffisamment les motifs qui ont déterminé l'administration à étendre les dispositions de l'article 67 de la loi du 18 juillet aux receveurs spéciaux des hospices et des établissemens de bienfaisance.

Les écritures et la comptabilité des receveurs spéciaux ne différant pas de celles dont la tenue est prescrite aux receveurs percepteurs par les titres IV et VII de l'instruction générale du 15 décembre 1826, les receveurs des finances, dans l'exercice de leur surveillance, devront se référer aux dispositions de cette instruction qui ne sont pas abrogées ou modifiées par la présente circulaire, pour tout ce qui est relatif à l'installation des receveurs des communes et des établissemens, à la tenue de leurs écritures et de leur comptabilité, à la reddition de leurs comptes finaux, et généralement pour tout ce qui concerne leur service financier.

Lorsque le receveur municipal ou hospitalier est en même temps chargé de la perception des contributions directes, le receveur de l'arrondissement a fréquemment l'occasion de se faire rendre compte de la situation de ces services et de surveiller la gestion du comptable; mais les mêmes facilités n'existent pas à l'égard des receveurs spéciaux; il importe donc d'y suppléer par quelques mesures prises en dehors des règles actuelles: en conséquence, j'ai décidé que, pour assurer l'exercice de leur surveillance sur les receveurs spéciaux, les receveurs des finances seraient assujétis aux obligations suivantes, savoir:

Vérifier à domicile, une fois par trimestre, la caisse et la comptabilité de ces receveurs, sans préjudice des autres vérifications que le receveur surveillant pourra faire toutes les fois qu'il le jugera à propos. La date et les résultats de chaque vérification seront présentés distinctement sur les résumés des vérifications à domicile, que les receveurs d'arrondissement transmettent annuellement à l'administration.

Se faire remettre par chacun des comptables subordonnés:

1° Tous les dix jours, un *bordereau* présentant la situation sommaire des recettes et des dépenses effectuées pendant la dizaine, ainsi que le détail des valeurs de caisse, afin de pouvoir prescrire le versement au trésor des sommes qui ne seraient pas nécessaires au paiement des dépenses courantes (modèle indiqué par la circulaire de M. le ministre de l'intérieur, du 16 mars 1836, et conforme à la *Récapitulation* du modèle n° 121 de l'instruction générale);

2° Et tous les mois, la balance générale des comptes ouverts au grand-livre et le bordereau détaillé des recettes et dépenses (modèle n° 121 de l'instruction générale).

Les receveurs spéciaux habitant presque toujours le chef-lieu même de l'arrondissement, les receveurs des finances remarqueront que l'exercice de leur surveillance n'entraînera, la plupart du temps, pour eux, aucun déplacement.

La surveillance du ministère des finances sur les receveurs spéciaux des communes et des établissemens charitables se trouvant reportée sur le receveur des finances de chaque arrondissement, ces comptables n'auront plus à transmettre à l'administration les bordereaux périodiques de situation qu'ils lui ont envoyés jusqu'à présent ; ils cesseront également de correspondre directement avec l'administration centrale sur les différens points de leur service qui exigeraient des explications. C'est au receveur des finances, investi par la loi de la surveillance de leur gestion, qu'ils devront s'adresser pour lever les difficultés qu'ils pourraient rencontrer dans l'exécution ou l'interprétation des réglemens et instructions. De leur côté, les receveurs d'arrondissement devront, dans tous les cas douteux, en référer, suivant la nature de la question à résoudre, soit au préfet, soit au receveur général, sauf à ceux-ci à soumettre, s'il y a lieu, la question au ministre des finances.

Art. 2. Ils devront se renfermer dans les termes des réglemens qui déterminent les attributions respectives des ordonnateurs et des comptables.

Les instructions antérieures ont déjà établi, pour les services municipaux dont la gestion appartient de droit aux percepteurs, la distinction qui existe entre les parties de la comptabilité municipale et hospitalière qui sont placées sous l'action immédiate des receveurs des finances, et celles dont la direction appartient spécialement à l'autorité administrative. Ces instructions sont entièrement applicables au service des receveurs spéciaux. Ainsi, la confection et l'exécution des budgets des communes et des établissemens, l'exercice des poursuites propres à assurer le recouvrement des revenus et créances, et l'acquittement, sur pièces valables, des dépenses dont les crédits sont régulièrement ouverts, sont exclusivement dirigés par l'autorité locale. Les receveurs des finances ne peuvent, sur ces diverses parties du service, que proposer les mesures dont ils reconnaîtraient la nécessité ; leur intervention et leur devoir se bornent à appeler l'attention de l'administration sur les faits qui réclameraient son examen, suivant ce que prescrivent les articles 1000 et 1014 de l'instruction générale du 15 décembre 1826. Mais *la tenue des écritures* destinées à recevoir l'enregistrement fidèle des recettes et des dépenses faites en exécution des budgets, *l'intégrité des caisses, la reddition et l'apurement des comptes*, doivent être l'objet de la surveillance directe du comptable supérieur.

En général, les receveurs des finances ne devront pas perdre de vue qu'en les appelant à surveiller la gestion des receveurs spéciaux des communes, la loi a eu surtout en vue d'offrir aux administrations municipales un concours éclairé, et toujours empressé à faciliter la marche du service par d'utiles directions ; ils doivent donc exercer cette attribution nouvelle de manière à éviter des conflits ou autres difficultés préjudiciables au bien de l'administration.

Art. 3. Les receveurs des finances sont autorisés, lorsqu'ils auront constaté dans la gestion d'un receveur spécial des irrégularités graves, à placer un agent spécial près du comptable ; ils pourront requérir du maire sa suspension et son remplacement par un gérant provisoire, ou, en cas d'urgence, y pourvoir d'office sous leur responsabilité, sauf à référer immédiatement de ces mesures au préfet du département.

Cet article établit une distinction importante entre les droits que l'article 1015 de l'instruction générale du 15 décembre 1826 confère aux receveurs des finances sur les receveurs de communes et d'établissemens qui sont en même temps percepteurs des contributions directes, et ceux que leur accorde la présente ordonnance sur les receveurs spéciaux. uns comme pour les autres, les receveurs des finances ont la fac de placer un agent spécial près du comptable dans la gestion l des irrégularités de nature à compromettre les intérêts du s e seraient constatées; mais ils ne peuvent suspendre et remp r d'office un receveur spécial, même sous leur responsabilité, que dans des cas urgens, nécessairement fort rares. Dans toutes les autres circonstances, le receveur des finances devra se borner à requérir du maire la suspension et le remplacement provisoire du comptable.

Il est bien entendu que le receveur des finances est tenu, non seulement de référer des mesures prises au préfet du département, mais de transmettre, en outre, au ministère des finances, des rapports spéciaux et détaillés sur les faits constatés.

Art. 4. Les inspecteurs des finances auront le droit de vérifier les receveurs spéciaux, sans qu'il soit besoin d'autorisation préalable; ils pourront les suspendre de leurs fonctions dans le cas de déficit, en donnant immédiatement connaissance de cette mesure à l'autorité compétente et au receveur des finances, afin qu'il soit pourvu, conformément à l'article précédent, au remplacement provisoire du comptable.

Aux termes des articles 26 et 27 de l'ordonnance du 31 octobre 1821, les inspecteurs des finances n'avaient de vérifications à faire dans le service des receveurs d'établissemens de bienfaisance, qu'autant qu'ils en étaient requis par le ministre de l'intérieur ou par le préfet du département. L'intervention désormais plus directe du ministère des finances, dans la surveillance de ces gestions, doit avoir pour conséquence d'étendre aux receveurs d'hospices le droit que donne aux inspecteurs des finances le décret du 27 février 1811, de vérifier les receveurs des communes, sans qu'il soit besoin d'autorisation particulière : c'est une garantie nouvelle dont les receveurs des finances et les établissemens intéressés comprendront facilement les avantages.

TITRE II. — *Dispositions applicables à tous les receveurs des communes et des établissemens de bienfaisance indistinctement.*

Art. 5. Tous les receveurs des communes et des établissemens de bienfaisance indistinctement sont tenus de remettre au receveur des finances de leur arrondissement respectif des copies des budgets et autorisations supplémentaires de dépenses et extraits des baux, actes et titres de perception qu'ils ont entre les mains. Ces copies ou extraits seront certifiés par les maires ou les commissions administratives.

Les rôles d'impositions, taxes et cotisations locales seront directement adressés par le préfet, après qu'il les aura rendus exécutoires, aux receveurs des finances, qui les transmettront aux receveurs chargés d'en effectuer le recouvrement.

Le préfet en donnera avis aux maires des communes, en leur transmettant les extraits du montant desdits rôles.

Les receveurs des finances n'étaient tenus, par l'article 7 de l'ordonnance du 19 novembre 1826, qu'à se faire représenter par les receveurs municipaux et hospitaliers, les rôles, budgets et autorisations supplémentaires de recettes et de dépenses et généralement tous les titres que ces comptables avaient entre les mains. Mais la trace de ces documens était difficilement conservée dans les bureaux des recettes d'arrondissement ; les relevés des rôles d'impositions; taxes et cotisations locales que les receveurs des finances devaient recevoir des préfectures, ne parvenaient pas toujours exactement et en temps utile, et il en résultait que ces comptables supérieurs n'étaient pas toujours en mesure de surveiller le recouvrement et l'emploi des deniers municipaux. Les dispositions de l'article 5 ci-dessus, ont eu pour objet de remédier à ces graves inconvéniens, et de permettre aux receveurs des finances de tenir au courant le carnet n° 93, sur lequel il est prescrit de constater distinctement pour chaque commune et établissement, 1° le montant des divers produits à recouvrer d'après les rôles, budgets et autres titres; 2° les échéances de chaque produit (article 994 de l'instruction générale). Les maires et administrateurs des établissemens seront invités à donner avis au receveur des finances de l'arrondissement de tous les titres de perception qu'ils transmettront désormais aux receveurs spéciaux, afin que le comptable surveillant puisse, au besoin, en réclamer copie ou extrait.

Je recommande aux receveurs des finances de se faire remettre, d'ici au 1er janvier prochain, les copies ou extraits certifiés mentionnés au premier paragraphe de l'article ci-dessus, de les comparer avec les enregistremens de leur carnet n° 93; enfin, de former des dossiers particuliers de ces documens, par commune et établissement, afin d'être toujours à portée, soit de les consulter, soit de les représenter lorsqu'ils en seront requis. Ils devront prendre note exactement, avant d'en faire la remise aux comptables, de tous les rôles et titres de perception qui leur seront directement adressés par la préfecture, pour être, par leur intermédiaire, transmis aux receveurs municipaux et hospitaliers.

Art. 6. La transmission aux receveurs des finances des comptes des receveurs des communes et établissemens charitables devra avoir lieu un mois au moins avant l'époque où ils doivent être soumis aux conseils municipaux ou aux commissions administratives. Les observations résultant de la vérification du receveur des finances, ainsi que les délibérations des conseils municipaux et des commissions administratives, seront jointes aux comptes lors de leur production à l'autorité chargée de les juger.

Devront être également produits, à l'appui des comptes annuels, des états certifiés par les maires, et constatant la situation des inscriptions hypothécaires prises au profit des communes et des établissemens.

La vérification, par les receveurs des finances, des comptes des receveurs spéciaux est la conséquence de la surveillance qui leur est imposée par la loi du 18 juillet dernier; il devra, du reste, être procédé à cette vérification suivant la forme prescrite par l'article 1006 de l'instruction générale. Les receveurs des finances tiendront la main à ce que les comptes municipaux et hospitaliers leur soient produits, avec toutes les pièces à l'appui, dans les délais fixés par l'article 6, et ils devront envoyer chercher, par un exprès, aux frais des retardataires, les comptes qui ne seraient pas parvenus un mois avant l'ouverture de la session des conseils municipaux dans laquelle ils doivent être examinés.

Les autres dispositions du premier paragraphe de l'article 6, à l'exception de l'obligation où vont être les receveurs justiciables de la cour des comptes et des conseils de préfecture, de joindre à l'appui de leurs comptes, les délibérations des conseils municipaux et des commissions administratives, ne font qu'étendre aux receveurs spéciaux les dispositions des articles 1006, 1007, 1008 et 1009 de l'in-struction générale.

Quant à la production des états présentant la situation des *inscriptions hypothécaires* prises au profit des communes et des établissemens, laquelle avait déjà été prescrite par la circulaire du ministre de l'intérieur, du 10 avril 1835, elle préviendra les péremptions qu'occasionne trop souvent la négligence des comptables, en mettant les receveurs des finances, les conseils de préfecture et la cour des comptes, à portée de leur faire à temps les injonctions convenables.

Art. 7. Les préfets transmettront des copies ou extraits des arrêts de la cour des comptes et des arrêts des conseils de préfecture intervenus sur les comptes des receveurs municipaux et d'établissemens, aux receveurs des finances, afin que ces comptables puissent surveiller l'exécution, dans les délais prescrits, des injonctions que ces actes renferment.

·Aux termes de l'article 990 de l'instruction générale du 15 décembre 1826, les receveurs des finances reçoivent déjà des préfets les ampliations des arrêtés des conseils de préfecture et des arrêts de la cour des comptes, sur les comptes des receveurs municipaux et hospitaliers qui réunissent à ces fonctions celles de percepteur. L'article 7 ci-dessus a pour objet de rendre cette communication plus obligatoire et de l'étendre à tous les comptes des communes et des établissemens sans exception. MM. les receveurs des finances devront enregistrer sur un carnet particulier les arrêts dont la transmission leur sera faite, et les injonctions qu'ils renfermeraient, afin d'en surveiller et d'en constater l'exécution.

TITRE III.— *Responsabilité des receveurs des finances à l'égard des percepteurs qui sont en même temps receveurs municipaux et d'établissemens de bienfaisance.*

Art. 8. La gestion des percepteurs des contributions directes, pour tous les services publics dont ils peuvent se trouver cumulativement chargés, est placée sous la responsabilité des receveurs généraux et particuliers des finances.

En conséquence, en cas de déficit ou de débet de la part des comptables réunissant les fonctions de percepteur de l'impôt direct et de receveur des deniers des communes et des établissemens de bienfaisance, et constaté, soit par des vérifications de caisse, soit par des arrêtés d'apurement de compte, le receveur des finances de l'arrondissement sera tenu d'en couvrir immédiatement le montant avec ses fonds personnels, suivant la marche prescrite pour les déficits sur contributions directes. Il demeurera subrogé à tous les droits des communes et des établissemens sur les cautionnemens, la personne et les biens du comptable reliquataire.

Néanmoins, si le déficit provient de force majeure ou de circonstances indépendantes de sa surveillance, le receveur des finances pourra obtenir la décharge de sa responsabilité : dans ce cas, il aura droit au remboursement, en capital et intérêts, des sommes dont il aura fait l'avance.

Notre ministre des finances prononcera sur les demandes en décharge de responsabilité, après avoir pris l'avis du ministre de l'intérieur et celui du comité des finances, sauf appel par devant nous en notre conseil d'état.

L'article 10 de l'ordonnance du 19 novembre 1826, reproduit à l'article 989 de l'instruction générale, ne consacrait que sous certaines réserves et conditions la responsabilité des receveurs des finances sur la partie de la gestion des percepteurs relative au service municipal et hospitalier. La loi du 18 juillet dernier, sur l'administration municipale (art. 67), ayant placé d'une manière absolue les diverses gestions des percepteurs sous la responsabilité des receveurs des finances de l'arrondissement, l'ordonnance du 19 novembre 1826 a dû être modifiée en conséquence. Les receveurs des finances sont donc avertis qu'à dater de ce jour, il n'y a plus aucune distinction à établir entre les déficits contractés par les percepteurs sur le service des contributions directes, et ceux qui le seraient sur les services des communes et des établissemens de bienfaisance, quant à la responsabilité qui devra en résulter pour les comptables surveillans.

TITRE IV.— *Des cautionnemens des percepteurs et des receveurs des communes et d'établissemens de bienfaisance.*

Art. 9. A l'avenir, et sauf les exceptions mentionnées au deuxième paragraphe de l'article 82 de la loi du 28 avril 1816, le cautionnement des percepteurs des contributions directes sera fixé, à chaque mutation, au douzième des rôles généraux et supplémentaires de l'année qui aura précédé la nomination du nouveau titulaire.

Art. 10. Dans les localités où les rôles des contributions, les revenus ordinaires des communes ou ceux des établissemens de bienfaisance auraient éprouvé, depuis la nomination du receveur, un accroissement considérable et permanent, il pourra être procédé à une nouvelle fixation des cautionnemens, d'après les bases de la loi du 18 avril 1816, sur la demande qui en sera faite par le préfet et le receveur général des finances du département.

L'ordonnance royale du 31 octobre 1824 porte que les cautionnemens des percepteurs seront du douzième des rôles de 1823, de sorte qu'aujourd'hui encore, lorsqu'il y a lieu à nomination d'un percepteur, le cautionnement du nouveau comptable est déterminé d'après les rôles de 1823, quel que soit le montant des sommes dont celui-ci peut avoir à faire le recouvrement. Il importait de remédier à un état de choses qui altère sans cesse la proportion que la loi a voulu établir entre l'importance des produits à recouvrer et celle du gage à déposer au trésor; mais la fixation nouvelle que, dans ce but, l'article 9 prescrit d'opérer à chaque mutation, serait encore une mesure insuffisante si, dans certains cas, l'administration n'avait pas la possibilité de procéder à une révision des cautionnemens des percepteurs en fonctions, et même de ceux des receveurs des communes et des établissemens de bienfaisance, qui déjà, lors de chaque mutation, sont soumis à une nouvelle fixation, qui est du dixième des recettes ordinaires du budget de l'année dans laquelle s'effectue la nomination. En effet, dans le cours d'une longue gestion, il peut arriver telle circonstance qui produise un accroissement considérable de revenu ordinaire à la commune ou à l'hospice, comme par exemple, un legs, une augmentation dans les tarifs de l'octroi, etc.; les rôles des contributions directes peuvent également, dans certaines localités, prendre une grande extension, et alors les cautionnemens des comptables se trouveraient tellement inférieurs à la proportion légale, qu'ils n'offriraient au trésor, à la commune, à l'hospice, comme au receveur des finances responsable, qu'une garantie illusoire. L'article 10 offre le moyen de parer à cette éventualité.

En conséquence, MM. les préfets devront désormais porter, sur les listes de présentation de candidats aux perceptions vacantes, l'indication des cautionnemens que les nouveaux titulaires auront à fournir d'après le montant des rôles généraux et supplémentaires de la dernière année expirée.

Quant aux percepteurs des contributions directes et aux receveurs des communes et d'établissemens charitables, qui sont actuellement en fonctions, lorsqu'un receveur des finances aura reconnu que dans quelques localités des cautionnemens anciennement fixés ne présentent plus, par suite de l'élévation postérieure des rôles ou des revenus municipaux et hospitaliers, les garanties que la loi a voulu affecter à ces services, il pourra demander qu'il soit procédé à une nouvelle fixation de ces cautionnemens. Il sera statué sur les demandes de cette nature sur la proposition du préfet et du receveur général du département, par le ministre des finances pour les cautionnemens des percepteurs et des receveurs des communes, et par le ministre de l'intérieur pour les cautionnemens des receveurs des hospices et autres établissemens charitables.

Art. 11.— Lorsqu'un déficit existera sur un ou plusieurs des services confiés aux percepteurs ou aux receveurs des communes et établissemens charitables , la portion de chaque cautionnement restée disponible sur le service dont il forme la garantie spéciale, sera affectée aux autres services créanciers , pour leur être distribuée au marc le franc des sommes dues à chacun d'eux.

A cet effet, les percepteurs, les receveurs des communes et des établissemens de bienfaisance, actuellement en fonctions, devront produire immédiatement leur consentement à cette extension de garantie, ou, s'il y a lieu, celui de leurs bailleurs de fonds, dans les six mois de la publication de la présente ordonnance, et, dans le même délai, la mainlevée de toutes oppositions qui pourraient exister sur les cautionnemens actuels, ou au moins le consentement desdits opposans à l'application stipulée par le paragraphe précédent.

Les comptables, qui n'auront pas satisfait à ces prescriptions dans les délais fixés, seront tenus de verser un nouveau cautionnement.

La solidarité consacrée par cet article était depuis long-temps réclamée dans l'intérêt du trésor, des communes et des établissemens de bienfaisance, comme dans l'intérêt des receveurs responsables. En effet, la réunion de plusieurs services entre les mains d'un même comptable, si elle est avantageuse en ce sens qu'elle rend plus facile l'exercice de la surveillance de l'autorité administrative et du comptable supérieur sur ces services, a néanmoins l'inconvénient de donner à un receveur infidèle la possibilité , non seulement d'augmenter l'importance de ses détournemens, mais encore de faire peser le déficit sur tel service plutôt que sur tel autre, suivant que l'exige son intérêt ou le besoin de cacher sa situation. Or, du moment où la centralisation des services pouvait, dans certains cas, détruire toute proportion entre les chances de perte de chacun d'eux en particulier et le cautionnement qui constitue sa garantie, il était indispensable de former un gage commun de tous les cautionnemens versés par le même comptable, tout en conservant à chacun d'eux son affectation spéciale : tel est le résultat que l'article ci-dessus a eu pour but d'obtenir.

A l'avenir, mention sera faite sur les certificats d'inscription de cautionnemens et sur les certificats de privilége qui seront délivrés aux bailleurs de fonds, des nouvelles conditions imposées aux titulaires de services réunis; mais, pour rendre applicables les dispositions du 1er paragraphe de l'article 11, aux comptables *actuellement en fonctions,* et changer les conditions de leur nomination, quelques mesures étaient nécessaires; elles ont été réglées par le deuxième paragraphe du même article et consistent :

1° Pour les comptables qui sont propriétaires de leurs cautionnemens, à donner *immédiatement* leur consentement à l'extension de garantie imposée par l'article 11;

2° Pour les comptables dont les cautionnemens sont grevés

d'opposition, à produire, en outre, *dans les six mois*, la mainlevée desdites oppositions, ou le consentement des opposans à ce qu'il soit disposé des cautionnemens conformément aux dispositions ci-dessus ;

3° Et pour les comptables qui ont des bailleurs de fonds, à représenter, dans les mêmes délais, un consentement semblable des propriétaires de leurs cautionnemens.

Les consentemens exigés par l'article 11 devront être libellés ainsi qu'il suit :

Je soussigné (indiquer les noms, demeures et qualités des comptable et opposans), *consens, par ces présentes, à ce que le cautionnement versé pour la garantie spéciale de ma gestion* (ou de la gestion du Sr......), *comme percepteur des contributions directes* (ou receveur municipal ou receveur de l'hospice, etc., etc.) *de* (indiquer la commune ou la perception) *et montant à* (la somme en toutes lettres), *soit affecté subsidiairement et au même titre, conformément à l'article* 11 *de l'ordonnance du* 17 *septembre* 1837, *en capital et intérêts, à la garantie de tous les services publics indistinctement qui me sont ou me seraient confiés* (ou dont le Sr...... est ou viendrait à être chargé).

Les consentemens à fournir par les bailleurs de fonds devront être passés par-devant notaires et rédigés conformément au modèle suivant :

Par devant Me
fut présent
lequel a, par ces présentes, déclaré consentir à ce que la somme de......, dont il est propriétaire, comme bailleur de fonds de (la totalité ou partie) *du cautionnement auquel est maintenant assujéti le Sr......, en sa qualité de......, soit affectée subsidiairement et au même titre, conformément à l'article* 11 *de l'ordonnance du* 17 *septembre* 1837, *en capital et intérêts, à la garantie de tous les services publics indistinctement, dont le Sr...... est ou viendra à être chargé.*

Les receveurs des finances sont prévenus qu'ils demeurent chargés, sous leur responsabilité, de tenir la main à ce que les dispositions qui précèdent soient exécutées par les percepteurs et les receveurs municipaux et hospitaliers de leur arrondissement respectif; et comme il pourrait arriver, pour certains cautionnemens, qu'il existât à la fois des oppositions dans les départemens et à Paris, ou dans cette dernière ville seulement, les receveurs des finances se feront immédiatement produire par tous les percepteurs et receveurs, actuellement en fonctions, qui sont propriétaires de leurs cautionnemens, *un certificat du greffier du tribunal de l'arrondissement*, visé par le président, et *constatant qu'il existe ou qu'il n'existe pas d'opposition.* Ils réuniront ces certificats et les transmettront, accompagnés d'un *état nominatif* des receveurs, à la comptabilité générale des finances, qui les soumettra au *visa* du bureau des oppositions établi au trésor, et les renverra aux receveurs des finances, pour qu'il y soit donné suite. Ces receveurs devront recueillir les consentemens et mainlevées qui leur auront été produits, et les conserver par devers eux, à l'exception des consentemens notariés des bailleurs de fonds, qu'ils devront transmettre directement à la direction de la dette inscrite (*bureau des cautionnemens*). Enfin, ils

devront dresser l'état indicatif des comptables de leur arrondissement qui ne se seraient pas conformés, dans les délais voulus, aux
prescriptions de la présente ordonnance, afin qu'ils soient mis en
demeure de verser un nouveau cautionnement. Ces états seront rassemblés à la diligence du receveur général, et devront être transmis
au ministère des finances, au plus tard *pour le 1er juillet* 1838.

Les consentemens spécifiés plus haut devront être produits par
les receveurs des finances, indépendamment des autres pièces indiquées par les instructions, à l'appui des demandes en prélèvement
de cautionnemens qu'ils auraient à former, soit dans leur intérêt
personnel, soit au profit du trésor, des communes et des établissemens, par suite des déficits qui viendraient ultérieurement à être
constatés dans la gestion de leurs subordonnés.

TITRE V.—*Dispositions particulières.*

Art. 12. La recette des établissemens dont les revenus ne dépassent pas trente mille
francs sera confiée au receveur municipal de la commune. Les dispositions contraires des ordonnances des 31 octobre 1821 et 4 mars 1825 sont rapportées.

Aux termes de l'article 24 de l'ordonnance du 31 octobre 1821, la
gestion des établissemens de bienfaisance appartenait de droit au
receveur de la commune où ils étaient établis, toutes les fois que
les recettes n'excédaient pas dix mille francs. Lorsque la recette dé-
passait cette dernière somme, la mesure ne pouvait plus avoir lieu
que du consentement des administrations hospitalières et des conseils de charité.

L'article ci-contre porte à *trente mille francs* les recettes des hospices et autres établissemens qui doivent être confiés de *droit* au
receveur municipal de la commune. MM. les préfets devront donc
tenir la main, de concert avec les receveurs des finances, à ce qu'à
chaque vacance qui surviendra désormais, d'une recette d'établissement de bienfaisance de 10,000 *fr. à* 30,000 *fr. de revenus*, la
remise du service de l'établissement soit faite d'office au receveur
de la commune. Ce ne sera plus, par conséquent, que pour les établissemens dont les revenus excèderont 30,000 fr. que le consentement des administrations locales sera nécessaire pour autoriser la
remise du service aux mains du receveur municipal.

A l'égard des établissemens dont les ressources ordinaires sont inférieures à 10,000 fr., MM. les préfets avaient été autorisés, par l'ordonnance du 4 mai 1825, à y nommer des receveurs spéciaux *dans
le cas où les receveurs municipaux n'habiteraient pas la commune
même où ces établissemens étaient situés.* Depuis, on a reconnu que
cette disposition exceptionnelle n'était pas sans inconvénient, en ce
qu'elle avait eu pour résultat de pourvoir de receveurs spéciaux des
établissemens de la plus faible importance, situés dans des communes
rurales souvent fort éloignées du chef-lieu d'arrondissement et dont,
conséquemment, la surveillance devenait très difficile. Cet état de
choses ne pouvait manquer de donner naissance à des abus; beaucoup ont été signalés, et il devenait instant de les faire cesser. Ces
considérations et la nécessité de restreindre autant que possible le
nombre des nouveaux comptables, dont les receveurs des finances
vont avoir à surveiller la gestion, ont déterminé le retrait de cette
partie de l'ordonnance du 4 mai 1825; et il a été décidé que le service
des établissemens de l'espèce serait confié, dès à présent, aux receveurs municipaux. MM. les préfets recevront des instructions pour

que cette remise soit faite pour l'époque du 31 décembre prochain, par les soins et sous la surveillance des autorités locales administratives et des receveurs des finances.

Art. 13. Les dispositions de la présente ordonnance ne sont point applicables au receveur municipal et aux receveurs des établissemens charitables de la ville de Paris.

Art. 14. Toutes les dispositions contraires à la présente ordonnance sont et demeurent rapportées.

Art. 15. Nos ministres secrétaires d'état des finances et de l'intérieur sont chargés, chacun en ce qui le concerne, de l'exécution de la présente ordonnance, qui sera insérée au *Bulletin des lois.*

Signé LOUIS-PHILIPPE.

Telles sont, monsieur, les dispositions réglementaires que j'ai jugé utile d'arrêter touchant l'exécution de l'ordonnance royale du 17 septembre courant. Je vous invite à vous en pénétrer et à vous y conformer exactement en ce qui vous concerne.

Vous aurez à vérifier à domicile et d'une manière approfondie, d'ici à la fin de l'année courante, le service et la comptabilité des receveurs spéciaux, que la loi du 18 juillet a placés sous votre surveillance immédiate. Vous devrez prendre une connaissance personnelle de tous les titres de recette de chaque commune et établissement, presser le recouvrement des termes arriérés, et faire placer au trésor les fonds en caisse dont l'emploi ne serait pas prochain. Vous aurez aussi à vous faire rendre compte de la situation dans laquelle se trouvent les comptes des années expirées, à faire établir ceux dont la présentation n'aurait pas encore eu lieu, à presser, pour ceux qui sont en cours d'examen, l'envoi des justifications dont la non-production en retarde l'apurement; à suivre l'exécution, par les comptables, des injonctions intervenues; enfin, à mettre au courant toutes les parties du service financier des communes et des établissemens spéciaux que vous reconnaîtriez en souffrance.

Les receveurs particuliers des finances m'adresseront, par l'intermédiaire du receveur général de leur département, un rapport particulier sur les vérifications auxquelles ils vont se livrer. Ce rapport devra me faire connaître la situation de chaque service et les mesures qui auront été prises, soit d'office, soit de concert avec les autorités locales et administratives, pour en régulariser les parties défectueuses.

_____

EXPLICATIONS SUR QUELQUES PARTIES DE LA LOI MUNICIPALE.

Je ne terminerai pas sans reproduire ici, en les faisant suivre des explications nécessaires, certaines dispositions de la loi du 18 juillet qui m'ont paru mériter plus particulièrement de fixer l'attention des receveurs des finances et des comptables subordonnés.

L'article 10 porte, entre autres dispositions : « Le maire est chargé « de la conservation et de l'administration des propriétés de la com- « mune et de faire, en conséquence, tous actes conservatoires de « ses droits. »

Cette obligation ne décharge en aucune manière les receveurs municipaux de celles qui leur sont imposées par l'arrêté du 19 vendémiaire an 12, pour le renouvellement des titres et des inscriptions hypothécaires et pour empêcher les prescriptions.

L'article 44 de la loi est ainsi conçu : « Les taxes particulières dues
« par les habitans ou propriétaires, en vertu des lois et des usages
« locaux, sont réparties par délibération du conseil municipal, ap-
« prouvée par le préfet. Ces taxes sont perçues suivant les formes
« établies. »

Les taxes dont il est question dans cet article sont, particulièrement, les taxes qui, sous l'ancienne législation, étaient déjà l'objet
de rôles nominatifs, telles que les taxes d'affouage et de pâturage, et
celles de pavage dans les communes où les usages locaux mettent cette
cette dépense à la charge des propriétaires. Ces taxes pourront être
désormais recouvrées comme les contributions publiques, c'est-à-
dire par voie de contrainte et de garnison ; et, attendu que les receveurs spéciaux se trouvent placés par la loi sous la surveillance des
receveurs des finances, ce sont ces derniers comptables qui décer-
neront les contraintes et autoriseront l'emploi des garnisaires et des
porteurs de contraintes.

Aux termes de l'article 63, « toutes les recettes municipales pour
« lesquelles les lois et réglemens n'ont pas prescrit un mode spécial
« de recouvrement s'effectuent sur des états dressés par le maire.
« Ces états sont exécutoires après qu'ils ont été visés par le sous-
« préfet. Les oppositions, lorsque la matière est de la compétence
« des tribunaux ordinaires, sont jugées comme affaires sommaires,
« et la commune peut y défendre sans autorisation du conseil de
« préfecture. »

Cet article ne fait pas, comme on pourrait le penser, double emploi avec le précédent.

Dans l'article 44, il s'agit de taxes imposées nominativement à tels
et tels habitans qui se trouvent dans des conditions déterminées,
taxes auxquelles aucun ne peut se soustraire et qui ont véritablement le caractère de contributions directes et personnelles.

Dans l'article 63, il s'agit de toute espèce de créance à recouvrer
pour le compte des communes et pour lesquelles la loi n'a pas établi
un mode particulier de recouvrement (comme pour les taxes mentionnées à l'article 44).

Quelques explications feront mieux saisir la portée de cet article
et en faciliteront l'application.

En général, aucun titre de créance ne peut être mis en recouvrement s'il n'est en la forme exécutoire. Par exemple, il est dû aux
communes un droit pour la location des places dans les marchés, ou
pour le pesage et le mesurage. En cas de refus du débiteur, le receveur n'avait contre lui aucun moyen de poursuite immédiat ; il n'a-
vait, en effet, entre les mains aucun titre revêtu d'une formule exécutoire qui autorisât un huissier à agir par voie d'exécution forcée.
Il était indispensable que le débiteur fût assigné devant le juge, afin
d'obtenir un jugement de condamnation qui devînt un titre exécutoire. Il en était de même pour toutes les autres créances des communes qui ne résultaient point de jugemens ou d'actes notariés,
lesquels portent aussi, comme on sait, voie parée.

On comprend tout ce qu'un tel état de choses occasionnait de retards dans le recouvrement, et quelquefois de non-valeurs au préjudice des communes. L'article 63 y remédie complétement. Le
maire peut, désormais, aux termes de cet article, rendre exécutoires tous les titres de recouvrement appartenant aux communes
sans autre formalité que le *visa* du sous-préfet.

Il n'échappera pas que cette voie simple et sommaire de poursuites
ne saurait entraîner aucun inconvénient, si l'on considère que l'exé-

cution du titre peut toujours être arrêtée par une opposition dûment signifiée par le débiteur. Alors l'affaire rentre dans le droit commun, quant à la compétence. Mais, s'il n'y a pas d'opposition, la poursuite suit son cours et la commune évite ainsi des lenteurs, et le débiteur les frais d'un jugement.

Il est superflu d'ajouter que lorsque la créance est déjà constatée par un titre exécutoire, tel qu'un jugement ou un acte notarié, le maire n'a pas à dresser l'état indiqué dans l'article 63; la poursuite se fait en vertu de l'acte même.

Enfin, l'article 66 porte ce qui suit : « Les comptes du receveur « municipal sont définitivement apurés par le conseil de préfecture, « pour les communes dont le revenu n'excède pas trente mille francs, « sauf recours à la cour des comptes.

« Les comptes des receveurs des communes dont le revenu excède « trente mille francs sont réglés et apurés par ladite cour.

« Les dispositions ci-dessus, concernant la juridiction des conseils « de préfecture et de la cour des comptes sur les comptes des rece- « veurs municipaux, sont applicables aux comptes des trésoriers des « hôpitaux et autres établissemens de bienfaisance. »

Une ordonnance royale en date du 27 du courant, rendue sur la proposition de M. le ministre de l'intérieur, prononce que les dispositions de l'article 66 ne sont applicables qu'à ceux des receveurs qui seront en fonctions le 31 décembre prochain. Quant aux comptables qui auraient cessé leurs fonctions dans le courant de l'année 1837, ils rendront leurs comptes à l'autorité qui avait mission de les juger antérieurement à la promulgation de la loi du 18 juillet.

On remarquera, du reste, que l'effet de l'article 66 précité est de rapporter la disposition de l'article 6 de l'ordonnance du 23 avril 1823, d'après laquelle les sous-préfets arrêtaient les comptes et réglaient définitivement les budgets des communes dont les revenus ne s'élevaient pas à *cent francs.* Désormais, les comptes des communes et des établissemens dont le revenu n'excèdera pas trente mille francs seront, sans aucune exception, apurés par les conseils de préfecture. Quant à la question de savoir d'après quelle règle sera déterminé le chiffre des revenus qui fixeront la juridiction sous laquelle devra passer le comptable, elle se trouve résolue implicitement par l'article 33 de la loi municipale. Ainsi, *le revenu d'une commune sera réputé avoir excédé trente mille francs lorsque les recettes ordinaires constatées dans les comptes se seront élevées à cette somme pendant les trois dernières années ; il ne sera réputé descendre à trente mille francs et au dessous que lorsque, pendant les trois dernières années, les recettes ordinaires seront restées inférieures à cette somme.*

Vous voudrez bien, monsieur, notifier aux percepteurs et aux receveurs des communes et des établissemens de votre arrondissement les dispositions de la présente circulaire.

Le ministre des finances,
Signé LAPLAGNE.

CIRCULAIRE DU MINISTRE DES FINANCES AUX PRÉFETS.

Envoi d'une instruction adressée aux receveurs généraux et particuliers des finances, pour l'exécution de la loi sur l'administration municipale, du 18 juillet 1837, et de l'ordonnance royale du 17 septembre suivant.

Paris, le 5 octobre 1837.

Monsieur le préfet, j'ai l'honneur de vous transmettre un exemplaire de la circulaire que je viens d'adresser aux receveurs généraux et particuliers des finances, sous la date du 30 septembre.

La loi du 18 juillet 1837 sur l'administration municipale ayant modifié, sur plusieurs points essentiels, les instructions antérieures, en ce qui concerne notamment la surveillance des receveurs des finances sur les receveurs des communes, et la responsabilité des premiers comptables à l'égard des receveurs municipaux qui réunissent à leurs fonctions celles de percepteur des contributions directes, une ordonnance du roi est intervenue, le 17 septembre, pour assurer l'exécution de cette partie de la loi, et pour compléter les moyens de surveillance et les garanties que l'ordonnance du 19 novembre 1826 avait données aux receveurs surveillans. La circulaire ci-jointe contient une ampliation de cette ordonnance, avec des explications et prescriptions consignées à la suite de chaque article, et qu'il serait superflu de reproduire ici. Je me bornerai à fixer votre attention sur certaines parties de l'ordonnance et de la loi municipale, dont l'exécution appartient plus particulièrement à MM. les préfets.

Surveillance des receveurs des finances sur la gestion des receveurs spéciaux des communes et des établissemens de bienfaisance. (Art. 1er et 2 de l'ordonnance.)

La loi du 18 juillet dernier ayant placé les receveurs spéciaux des communes sous la surveillance des receveurs des finances de l'arrondissement, et l'ordonnance du 17 septembre ayant étendu cette surveillance aux receveurs spéciaux des établissemens charitables, vous aurez à porter cette double disposition à la connaissance des maires, des commissions administratives et des receveurs spéciaux de votre département, en faisant remarquer aux premiers les avantages que les communes et établissemens en retireront pour l'ordre de la comptabilité, la perception des revenus et l'emploi régulier des fonds. Il sera bien d'insister sur cette observation, que la surveillance dont il s'agit n'apporte aucun changement aux relations de service qui existent actuellement entre les maires, les commissions administratives et les receveurs : ces administrateurs conservent le droit et le devoir de diriger les comptables, conformément aux réglemens, et de surveiller les diverses parties de leur gestion.

Hors le cas d'urgence, les receveurs spéciaux ne peuvent être suspendus de leurs fonctions que par le maire de la commune. Les inspecteurs des finances ont le droit de les vérifier et de prononcer leur suspension.

Dans la circulaire que vous allez avoir à rédiger pour notifier aux administrateurs et aux comptables ci-dessus désignés les dispositions de l'ordonnance du 17 septembre, il importera de bien établir la distinction qui existe entre les droits que l'ordonnance confère aux receveurs des finances sur les receveurs spéciaux, et ceux que les instructions antérieures leur ont donnés sur les receveurs qui sont en même temps percepteurs des contributions directes. Il convient aussi de les informer du droit qui est accordé aux inspecteurs des finances de vérifier d'office les comptables spéciaux et de prononcer leur suspension provisoire.

5

Responsabilité des receveurs des finances, lorsque les gestions de percepteurs et de receveurs des communes et d'établissemens de bienfaisance sont réunies dans les mêmes mains. (Art. 8.)

Si les receveurs des finances sont chargés de surveiller les diverses parties du service des receveurs des communes et des établissemens, la loi ne les rend responsables que des faits de gestion des receveurs qui sont en même temps percepteurs des contributions directes. C'est pour les communes et les établissemens un motif de provoquer le plus possible la réunion des services dans les mêmes mains. En effet, à moins de circonstances de force majeure, les communes et les établissemens de la dernière catégorie se trouveront désormais couverts de tous les déficits qui viendraient à être constatés dans les caisses municipales et hospitalières.

Fixation et solidarité des cautionnemens. (Art. 9, 10 et 11.)

La convenance de maintenir constamment les cautionnemens des comptables dans la proportion légale, et de rendre solidaires les uns des autres les différens cautionnemens versés par le même receveur, était la conséquence nécessaire de la responsabilité des receveurs des finances. Toutefois, cette double mesure n'a point été prise dans le seul intérêt du trésor et des receveurs responsables; elle sera surtout avantageuse aux communes et aux établissemens. Lorsque leur service est confié à un receveur qui n'est point en même temps percepteur des contributions directes, le receveur des finances n'a point, en effet, à couvrir les infidélités du titulaire des deux emplois; or les services créanciers trouveront dans les dispositions des articles 9, 10 et 11 de l'ordonnance un supplément de garanties dont ils ont été privés jusqu'à présent.

Remises aux receveurs des finances des copies des budgets et des titres de recouvremens des communes et établissemens. (Art. 5.)

Tous les receveurs des communes et des établissemens vont avoir à remettre aux receveurs des finances de leur arrondissement des copies dûment visées et certifiées des budgets et autorisations supplémentaires de dépenses, et des extraits des baux, actes et titres de perception qu'ils ont entre les mains; mais, pour assurer constamment l'efficacité de ces moyens de contrôle et de surveillance, je vous invite, monsieur le préfet, à recommander aux maires et administrateurs des établissemens de donner particulièrement avis aux receveurs de l'arrondissement, de tous les titres de perception qui viendraient à être créés en faveur des communes et des établissemens charitables, afin que le comptable surveillant puisse toujours s'en faire délivrer des copies ou extraits par les receveurs à qui les titres originaux auraient été directement transmis.

Transmission aux mêmes receveurs des rôles, taxes et cotisations locales (art. 5), et des copies ou extraits des arrêts intervenus sur les comptes. (Art. 7.)

Quant aux rôles d'impositions, taxes et cotisations purement municipales rendus exécutoires par les préfets, je n'ai pas besoin de vous recommander de les adresser directement aux receveurs des finances, qui demeurent chargés désormais de les faire parvenir aux receveurs chargés d'en effectuer le recouvrement, et de remplacer la remise que vous faisiez de ces documens aux maires des communes, par les extraits du montant desdits rôles que vous aviez eu jusqu'à présent à transmettre aux receveurs des finances.

Vous aurez aussi à communiquer à ces receveurs des copies ou extraits des arrêts de la cour des comptes et des arrêtés des conseils de préfecture intervenus sur les comptes des receveurs municipaux et hospitaliers. L'envoi de ces documens vous dispensera d'adresser chaque année au ministère, ainsi que vous le prescrivait la circulaire du 15 janvier 1827 (pages 10 et 11), les états indicatifs de la fixation des budgets et de l'apurement des comptes des communes et des établissemens dont le service financier était confié à des receveurs spéciaux.

Les documens que vous avez à fournir aux receveurs des finances, conformément aux articles 5 et 7 de l'ordonnance du 17 septembre, devront leur parvenir par l'intermédiaire du receveur général; je vous invite à apporter la plus grande exactitude dans ces diverses communications.

Remise aux receveurs municipaux du service des établissemens de bienfaisance dont les recettes annuelles sont au dessous de 10,000 fr.

Les prescriptions que renferme la circulaire ci-jointe, pour l'exécution de l'article 12 de l'ordonnance, portent en substance que, pour les établissemens de bienfaisance qui jouissent actuellement d'un revenu de 10,000 à 30,000 fr., la remise du service aux mains du receveur municipal n'aura lieu qu'au fur et à mesure des vacances; mais que, pour les établissemens dont les ressources ordinaires sont inférieures à 10,000 fr., et à qui on n'a accordé jusqu'aujourd'hui que par tolérance la faculté d'avoir des receveurs spéciaux, le service serait, dès à présent, confié au receveur municipal de la commune. Il doit exister fort peu d'établissemens de cette catégorie dont le service ne soit pas déjà aux mains du receveur municipal : ce sont, en général, des établissemens d'une importance presque nulle et qui sont situés dans des communes rurales, loin de la surveillance des autorités administratives et des receveurs des finances; vous aurez donc, M. le préfet, à donner des ordres pour que la remise de ces comptabilités soit faite, par les soins et sous la surveillance des autorités locales et des receveurs des finances, aux receveurs des communes, pour l'époque du 31 décembre prochain; vous aurez à fixer le cautionnement auquel les nouveaux titulaires devront être assujétis et à veiller à ce qu'il soit promptement réalisé.

Explications sur l'article 65 de la loi municipale. Nomination des receveurs municipaux.

La circulaire du 30 septembre contient, sur divers articles de la loi municipale, des explications et des prescriptions auxquelles je me réfère entièrement. Toutefois, il en est un à l'exécution duquel MM. les préfets sont plus particulièrement appelés à concourir et qui me paraît exiger quelques développemens. Je veux parler de l'article 65. Cet article modifie, en effet, d'une manière sensible les décrets des 27 février 1811 et 24 août 1812, d'après lesquels les recettes municipales étaient divisées en deux catégories : la première se composait des communes jouissant d'un revenu de 20,000 fr. et au dessous, et la gestion de ce revenu appartenait de droit au percepteur des contributions directes ; la seconde comprenait les communes, dont les revenus dépassaient 20,000 fr; pour être receveur de ces communes il fallait être nommé par un arrêté spécial et compris sur une liste de trois candidats dressée par le conseil municipal.

Ces deux catégories se trouvent supprimées par la nouvelle loi. L'article 65 pose en principe que le percepteur remplit les fonctions de receveur municipal. Néanmoins, est-il dit, « dans les communes dont le revenu *excède trente mille fr.*, ces « fonctions sont confiées, *si le conseil municipal le demande*, à un receveur muni- « cipal spécial. Il est nommé par le roi, sur trois candidats que le conseil muni- « cipal présente. »

Ainsi, la réunion des deux services est la règle; leur séparation, l'exception.

Il n'est plus indispensable, lorsqu'une recette municipale d'un produit supérieur à 30,000 fr. devient vacante, que le nouveau titulaire soit présenté par le conseil municipal; il suffira désormais, pour que l'administration puisse ordonner la remise du service au percepteur de la commune, que le conseil ne demande pas que les fonctions municipales soient séparées de celles qui sont confiées au percepteur des contributions directes. La différence qui existe entre l'ancien et le nouvel ordre de choses, est que, jusqu'à présent, il y avait obligation, pour les conseils municipaux, d'intervenir dans la nomination des receveurs spéciaux par une présentation de candidats, et que, désormais, ce sera une faculté que la loi leur aura accordée et dont il leur sera loisible d'user ou de ne pas user.

Il résulte de ces explications que, dans tous les cas de vacance d'une recette municipale par décès, démission ou révocation, le service devra être immédiatement remis aux mains du percepteur de la commune, sauf au conseil municipal, lors de sa première réunion ordinaire ou extraordinaire, à faire usage du droit qui lui appartient de demander la séparation des deux services et la nomination d'un receveur spécial, conformément aux dispositions de l'article 65. Si, à sa première réunion, le conseil municipal juge convenable d'user de la faculté qui lui est réservée, il sera pourvu au remplacement du receveur municipal dans la forme actuellement suivie; dans le cas contraire, vous aurez à m'adresser vos propositions pour la fixation du cautionnement que le percepteur aura à fournir en garantie de sa nouvelle gestion.

Je vous prie, M. le préfet, de vouloir bien me transmettre deux exemplaires de la circulaire que vous avez à adresser aux maires, administrateurs des établissemens de bienfaisance et receveurs spéciaux de votre département pour porter à leur connaissance les dispositions qui précèdent.

Tenue du livre sur lequel doivent être enregistrés les talons des récépissés soumis au visa des préfets et des sous-préfets.

Je saisis l'occasion qui se présente pour appeler votre attention sur une mesure qui se rattache à la surveillance qu'exerce l'administration sur les comptables directs du ministère des finances.

Pour établir leur situation au vrai, il a été prescrit aux inspecteurs des finances de rapprocher les déclarations de recettes constatées dans les écritures des comptables, du livre sur lequel sont enregistrés les talons des récépissés soumis au *visa* des préfets et sous-préfets. Il importe donc que les registres ouverts à cet effet dans chaque préfecture et sous-préfecture soient toujours tenus au courant et additionnés, afin d'éviter toute perte de temps aux bureaux comme aux inspecteurs vérificateurs. Les rapports parvenus à mon ministère m'ayant informé que cette obligation n'était pas toujours exactement remplie, je vous invite, M. le préfet, à adresser des recommandations dans ce sens aux sous-préfets de votre département.

Le ministre des finances,
Signé LAPLAGNE.

EXPOSÉ

DES PRINCIPES DE LÉGISLATION

ET

DES RÈGLES DE JURISPRUDENCE ADMINISTRATIVE ET JUDICIAIRE,

QUI PRÉSIDENT A L'ADMINISTRATION DES COMMUNES.

PAR M. DE CORMENIN.

Les communes, considérées comme des agglomérations de citoyens unis par des relations de voisinage, font partie de l'administration publique.

Considérées comme une agrégation de familles unies par des intérêts, des biens et des droits communs à tous leurs membres, elles rentrent dans la classe des personnes civiles; elles sont capables de contracter, d'acquérir, de posséder, d'agir en justice ainsi que les particuliers.

Mais l'exercice de ces droits a été soumis, dans leur intérêt même, à des formes et à des conditions spéciales.

Elles sont régies, en partie, par la législation civile, et, en partie, par la législation administrative.

Les règles que cette dernière législation a établies se rapportent principalement aux dix-sept points suivans :

1° A la réunion, division et formation des communes ;

2° Aux attributions des maires, à la constitution et aux attributions des conseils municipaux, à la validité de leurs délibérations ;

3° Aux rapports litigieux des communes entre elles ;

4° A la responsabilité des délits commis sur leur territoire par attroupement ;

5° Aux partages de biens communaux ;

6° Aux différens modes de leur jouissance ;

7° Aux acquisitions ;

8° Aux baux ;

9° Aux usurpations ;

10° Aux aliénations ;

11° Aux actions des communes, de leurs créanciers et autres adversaires, et à celles des sections de commune ;

12° Aux dettes ;

13° Aux transactions ;

14° Aux dons et legs ;

15° Aux travaux ;

16° Aux budgets ;

17° A la comptabilité (1).

---

(1) Il n'est point parlé ici des rues des villes, bourgs et villages, ni des chemins

CHAPITRE Iᵉʳ. — RÉUNION, DIVISION ET FORMATION DES COMMUNES.

I°—Du principe que les communes ont des droits propres, dont l'exercice est attribué aux habitans qui occupent leur territoire, et qu'il n'appartient qu'à la loi de statuer sur toutes les questions qui touchent au droit civil, il suit :

Qu'il n'appartient qu'à la puissance législative, après enquête et sur l'avis des conseils municipaux, assistés des plus imposés en nombre égal à celui de leurs membres, et aussi sur l'avis des conseils d'arrondissement et du conseil général, de statuer sur les réunions et distractions de communes qui modifieraient une circonscription de canton ou d'arrondissement ;

Qu'il en est de même si les communes qu'il y a lieu de réunir ou si la section d'une commune qu'il y a lieu de distraire, soit pour l'adjoindre à une autre, soit pour l'ériger en commune séparée, ont plus de 300 habitans. et ne consentent pas à la mesure proposée. (*Loi du* 18 *juillet* 1837, *art.* 2, 3 *et* 4.) — Dans tous les autres cas, il doit être statué par ordonnance royale (1).

II°—Du principe qu'il faut distinguer les biens des communes ou sections de commune servant à un usage public, de ce qui constitue leur domaine privatif, il suit :

Que les communes ou sections de commune, selon qu'il y a réunion ou distraction, emportent ou conservent la propriété, jouissance et exercice des biens et droits qui leur appartenaient exclusivement;

Que les édifices et autres immeubles servant à un usage public situés sur son territoire, deviennent la propriété de la nouvelle commune, sauf indemnité, s'il y a lieu (*loi du* 18 *juillet* 1837, *art.* 5 *et* 6);

Que les autres conditions de la distraction, et, en cas de réunion à une autre commune, les conditions et les conséquences de la réunion sont déterminées par l'acte même qui prononce cette distraction ou réunion;

Que, dans tous les cas, les questions relatives à la propriété, au mode de partage ou de jouissance, à la liquidation de l'actif et du passif, d'après les bases posées par l'acte de distraction ou de réunion ou par l'ordonnance royale postérieure, et, à défaut, d'après les principes du droit commun, sont réservées aux juridictions compétentes. (*Loi du* 18 *juillet* 1837, *art.* 7 *et* 8.)

CHAPITRE II.—ATTRIBUTIONS DES MAIRES ; CONSTITUTION ET ATTRIBUTIONS DES CONSEILS MUNICIPAUX ; VALIDITÉ DE LEURS DÉLIBÉRATIONS.

Il faut considérer d'abord ce qui concerne les attributions des maires : nous passerons ensuite aux conseils municipaux.

---

vicinaux, qui se rattachent plutôt à la police des voies de communication, dont elles forment une partie si importante, qu'à l'administration des communes considérées comme personnes civiles. D'ailleurs *l'École* a déjà consacré et se propose de consacrer encore des publications spéciales à la matière des chemins vicinaux.

(1) Il ne faut pas confondre la division ou réunion constitutionnelle des communes avec la délimitation de leur territoire, litigieuse entre elles; l'une, comme on vient de le voir, est, en général, l'œuvre de la loi, et l'autre est toujours l'œuvre du gouvernement. Dans le dernier cas, les demandes respectives d'indemnité, formées par les communes à raison de droits de propriété, ou d'usage, ou de jouissance dont elles se prétendraient privées, sont du ressort de l'autorité judiciaire. (Voir les arrêts du conseil, du 17 mars 1835, *les habitans du hameau de Polhay contre Camusat de Thony;* du 21 octobre 1835, *commune de Siouville contre la commune de Flamanville.*)

SECTION Iʳᵉ.—*Compétence des maires.*

Iº—Du principe que le maire est le délégué de l'administration générale et qu'il agit sous son autorité, il suit :
Qu'il est chargé :
1º De la publication et de l'exécution des lois et réglemens ;
2º Des fonctions spéciales qui lui sont attribuées par les lois ;
3º De l'exécution des mesures de sûreté générale. (*Loi du* 18 *juillet* 1837, *art.* 9.)

IIº—Du principe que le maire est l'administrateur de la commune, il suit qu'il est compétent,
Pour exercer, sous la surveillance de l'autorité supérieure, les fonctions de la police municipale, de la police rurale et de la voirie municipale, et pourvoir à l'exécution des actes de l'autorité publique qui y sont relatifs ;
Pour faire tous les actes conservatoires des droits de la commune ;
Pour administrer les propriétés, et pour surveiller la comptabilité des établissemens de la commune ;
Pour diriger les travaux communaux ;
Pour proposer le budget des recettes et dépenses ;
Pour ordonnancer les dépenses et gérer les revenus ;
Pour souscrire les marchés, passer les baux des biens et les adjudications des travaux communaux, dans les formes établies par les lois et réglemens ;
Pour souscrire, dans les mêmes formes, les actes de vente, échanges, partages, acceptations de dons ou legs, acquisitions, transactions, légalement autorisés ;
Pour représenter la commune en justice, soit en demandant, soit en défendant (*loi du* 18 *juillet* 1837, *art.* 10) ;
Pour nommer à tous les emplois communaux, pour lesquels la loi ne prescrit pas un mode spécial de nomination, et pour suspendre et révoquer les titulaires de ces emplois (*ibid.*, *art.* 12) ;
Pour nommer les gardes champêtres et les pâtres communs, sauf l'approbation du conseil municipal, et pour les suspendre quant aux premiers, et les révoquer quant aux seconds (*ibid.*, *art.* 13) ;
Pour résoudre, avec l'assistance de deux conseillers, les difficultés qui peuvent s'élever sur les opérations préparatoires des adjudications publiques, faites au nom et pour le compte de la commune (*ibid.*, *art.* 16) ;
Pour prendre des arrêtés à l'effet,
1º D'ordonner les précautions locales sur les objets confiés par les lois à sa vigilance et à son autorité ;
2º De publier de nouveau les lois et réglemens de police, et de rappeler les citoyens à leur observation.

IIIº — Du principe de la subordination hiérarchique des agens administratifs et de la minorité des communes, il suit :
Que le préfet peut annuler les arrêtés pris par le maire, ou en suspendre l'exécution ; que, à cet effet, ils doivent être immédiatement transmis par le maire au préfet, par l'intermédiaire du sous-préfet ;
Que les arrêtés qui portent réglement permanent ne seront exécutoires qu'un mois après la remise de l'ampliation, constatée par le récépissé donné par le sous-préfet. (*Loi du* 18 *juillet* 1837, *art.* 11.)

SECTION II.—*Des conseils municipaux.*

Ainsi que nous l'avons annoncé, les règles se rapportent ici à la constitution des conseils, à leurs attributions et à la validité de leurs délibérations.

§ 1er.—*Constitution des conseils municipaux.*

I°—Du principe que, dans les corporations, il doit toujours y avoir auprès du pouvoir qui agit un pouvoir qui délibère, il suit :

Qu'il y a, dans chaque commune, un conseil municipal auprès du maire (*loi du* 21 *mars* 1831, *art.* 9);

Que ce conseil a des attributions qui lui sont propres, et que ces attributions sont déterminées par la loi.

II°—Du principe que *les préfets* sont chargés de pourvoir à l'action régulière du pouvoir municipal, il suit qu'il leur appartient :

1° De déclarer, sauf recours au ministre de l'intérieur, quel est, d'après la loi combinée avec la population de la commune, le nombre des membres dont le conseil municipal doit se composer (voir les arrêts du conseil, du 24 octobre 1832, *élections de Senas;* du 7 août 1835, *élections de Galgon et Queynac*);

2° De déclarer démissionnaire le conseiller municipal qui refuse de prêter le serment prescrit par la loi du 31 août 1830 (1). (Voir l'arrêt du conseil, du 1er septembre 1832, *de Genoude.*)

§ 2.—*Attributions des conseils municipaux.*

Du principe que, dans la société communale, il y a des objets qui ne touchent qu'à la jouissance et au présent; qu'il y en a d'autres qui sont susceptibles d'engager l'avenir et d'altérer la fortune communale; qu'il y en a qui n'intéressent les communes qu'indirectement; qu'il y en a enfin qui n'ont qu'une importance locale, il suit :

Que les conseils municipaux peuvent exercer tantôt un droit de réglement, tantôt un droit de délibération, tantôt un droit d'avis, tantôt un droit de vœu, tantôt un droit de réclamation.

N° Ier.—Du droit de réglement attribué aux conseils municipaux.

C'est en vertu de ce droit qu'il appartient à ces conseils de régler :

1° Le mode d'administration des biens communaux;

2° Les conditions des baux à ferme ou à loyer, dont la durée n'excède pas dix-huit ans pour les biens ruraux, et neuf ans pour les autres biens;

3° Le mode de jouissance et la répartition des pâturages et fruits communaux autres que les bois, ainsi que les conditions à imposer aux parties prenantes;

4° Les affouages, en se conformant aux lois forestières; sauf au préfet à annuler, s'il y a lieu, dans un délai fixe, la délibération, soit d'office, soit sur la réclamation de toute partie intéressée. Le préfet peut aussi suspendre l'exécution. (*Loi du* 18 *juillet* 1837, *art.* 17 *et* 18.)

N° II.—Du droit de délibération attribué aux conseils municipaux.

En vertu de ce droit, ces conseils sont appelés à délibérer sur les objets suivants :

1° Le budget de la commune, et, en général, toutes les recettes et dépenses soit ordinaires, soit extraordinaires;

---

(1) Voir, du reste, aux *Tableaux de la jurisprudence du conseil d'état en matière d'élections municipales,* aux mots *Conseil municipal* et *Serment.*

2° Les comptes d'administration présentés annuellement par le maire;

3° Les comptes de deniers des receveurs, qu'il arrête, sauf réglement définitif par les conseils de préfecture ou la cour des comptes ;

4° Les tarifs et réglemens de perception de tous les revenus communaux;

5° Les acquisitions, aliénations et échanges des propriétés communales, leur affectation aux différens services publics, et, en général, tout ce qui intéresse leur conservation et leur amélioration ;

6° La délimitation ou le partage des biens indivis entre deux ou plusieurs communes ou sections de commune ;

7° Les conditions des baux à ferme ou à loyer, dont la durée excède dix-huit ans pour les biens ruraux et neuf ans pour les autres biens, ainsi que celles des baux des biens pris à loyer par la commune, quelle qu'en soit la durée;

8° Les projets de constructions, de grosses réparations et de démolitions, et, en général, tous les travaux à entreprendre;

9° L'ouverture des rues et places publiques et les projets d'alignement de voirie municipale ;

10° Le parcours et la vaine pâture;

11° L'acceptation des dons et legs faits à la commune et aux établissemens communaux;

12° Les actions judiciaires et transactions ;

Et tous les autres objets sur lesquels les lois et réglemens appellent les conseils municipaux à délibérer.

Ces délibérations ne sont toutefois exécutoires que sur l'approbation des préfets, sauf les cas où l'approbation du ministre compétent ou du roi est prescrite par les lois ou par les réglemens d'administration publique. (*Loi du* 18 *juillet* 1837, *art.* 19, 20 *et* 23.)

N° III. — Du droit d'avis conféré aux conseils municipaux.

Les conseils municipaux sont appelés à donner leur avis sur les objets suivans :

1° Les circonscriptions relatives au culte et à la distribution des secours publics ;

2° Les projets d'alignement de grande voirie dans l'intérieur des villes, bourgs et villages;

3° L'acceptation des dons et legs faits aux établissemens de charité et de bienfaisance;

4° Les autorisations d'emprunter, d'acquérir, d'échanger, d'aliéner, de plaider ou de transiger demandées par les mêmes établissemens, et par les fabriques des églises et autres administrations préposées à l'entretien des cultes dont les ministres sont salariés par l'état;

5° Les budgets et les comptes des établissemens de charité et de bienfaisance;

6° Les comptes des fabriques et autres administrations préposées à l'entretien des cultes, dont les ministres sont salariés par l'état, et leurs budgets, lorsqu'elles reçoivent des secours sur les fonds communaux;

Enfin, tous les objets sur lesquels les conseils municipaux sont appelés par les lois et réglemens à donner leur avis, ou sont consultés par les préfets. (*Loi du* 18 *juillet* 1837, *art.* 21.)

N° IV. — Du droit d'émettre des vœux conféré aux conseils municipaux.

Les conseils municipaux ont le droit d'émettre leurs vœux sur tous les objets d'intérêt local. (*Loi du 18 juillet* 1837, *art.* 24.)

N° V. — Du droit de réclamation attribué aux conseils municipaux.

Les conseils municipaux ont le droit de réclamer, s'il y a lieu, contre le contingent assigné à la commune dans l'établissement des impôts de répartition. (*Loi du 18 juillet* 1837, *art.* 22.) Voir, du reste, les règles concernant ces réclamations dans le *Tableau de la jurisprudence du conseil d'état en matière de contributions directes*, *inséré dans l'Ecole des Communes* de 1836, et notamment page 229, n° 311.

§ 3. — *De la validité des délibérations des conseils municipaux.*

I° — Du principe que les conseils municipaux doivent se renfermer dans le cercle de leurs attributions légales, et que ces attributions sont bornées aux intérêts spéciaux de l'agrégation communale, il suit qu'ils ne peuvent faire ni publier aucune protestation, proclamation ou adresse, ni correspondre les uns avec les autres. (*Loi du 18 juillet* 1837, *art.* 24.)

II° — Du principe que tout corps délibérant doit être représenté par la majorité, il suit qu'une délibération n'est pas valable, si la moitié plus un des membres n'y ont pris part. (*Loi du 21 mars* 1831, *art.* 5.)

CHAPITRE III. — RAPPORTS LITIGIEUX DES COMMUNES ENTRE ELLES.

Les litiges des communes entre elles peuvent être portés devant l'autorité administrative ou devant l'autorité judiciaire.

SECTION Iʳᵉ. — *Compétence administrative.*

Il y a à distinguer ici la compétence du gouvernement et celle des préfets.

§ 1ᵉʳ. — *Compétence du gouvernement.*

Du principe que la délimitation du territoire de deux communes est un acte de haute administration qui n'entraîne pas d'action contentieuse, il suit :

Qu'il appartient au gouvernement de faire cette délimitation et que cette opération ne peut donner lieu à une action contentieuse. (Voir l'arrêt du conseil, du 27 février 1836, *commune de Gajan contre la commune de Pavinargues* (Gard).) Mais il y a réserve pour chaque commune de ses droits de propriété, d'usage, d'indemnité et autres. (Voir l'arrêt du conseil, du 26 février 1823, *communes d'Ozan et de Mauziat contre la commune d'Asnières.*)

§ 2. — *Compétence des préfets.*

Du principe que l'administration départementale doit, à titre de supériorité hiérarchique, s'interposer entre les communes pour concilier leurs différends administratifs, il suit que les préfets sont compétens,

Pour statuer sur l'application des lois et décrets relatifs au partage des biens communaux indivis entre deux communes (voir les arrêts du conseil du 21 décembre 1808, *commune de l'Hôpital-sous-Conflans contre la commune de Saint-Sigismond*; du 28 novembre 1809, *commune de Vauvey contre la commune de Villiers-la-Forêt*) ;

Pour assigner aux nouvelles communes, dans la proportion de leurs habitans, les biens qui servaient de dotation au curé, et qui sont situés dans les communes érigées en succursales (voir l'arrêt du conseil, du 25 avril 1812, *fabrique d'Oberfeulen contre la fabrique d'Obermetzig*);

Pour faire le réglement provisoire de jouissance entre deux communes (voir l'arrêt du conseil, du 3 février 1832, *commune de Pont-d'Héry contre la commune de Fonteny*);

Pour procéder aux opérations des partages, après l'apportionnement judiciaire (voir l'arrêt du conseil, du 7 mai 1823, *commune de Lancié contre la commune de Fleury*);

Pour régler la répartition des frais de reconstruction d'une église, à l'usage de deux communes, ou pour faire exécuter le traité fait entre elles, relativement aux frais du culte (voir les arrêts du conseil, du 11 juin 1828, *commune de Brettigney contre la commune de Silley*; du 4 novembre 1831, *ville de Saint-Etienne contre la commune d'Outrefurens*);

Pour répartir entre deux communes la quote-part des condamnations pécuniaires prononcées contre elles (voir l'arrêt du conseil, du 21 août 1816, *Tron contre les communes de Boubiers, Reilly et autres*);

Pour proposer des modifications aux anciens réglemens sur le droit de parcours (voir l'arrêt du conseil, du 22 juillet 1818, *Castan et consorts contre la commune de Langlade*);

Pour exécuter les arrêts, décrets ou ordonnances qui annulent des partages et rétablissent l'indivision. (Voir l'arrêt du conseil, du 23 juillet 1823, *commune de Nogent.*)

SECTION II. — *Compétence judiciaire.*

Du principe que les difficultés qui peuvent s'élever entre deux communes voisines ou entre deux sections de la même commune sur un droit de propriété, ou de rente, ou de redevance, ou d'usage, ou de parcours, ou de bornage, ou de servitude, ou autre droit réel quelconque, sont du ressort de l'autorité judiciaire, il suit que les tribunaux civils sont compétens, à l'exclusion des préfets, des conseils de préfecture, du ministre et du conseil d'état,

Pour statuer sur le fond de la contestation (voir les arrêts du conseil, du 13 mai 1809, *habitans du Bourg contre la commune de Lizolle*; du 11 janvier 1813, *commune de Malle contre la commune de Millen*; du 29 janvier 1823, *commune de Thann contre les communes de Cernay et Steinbach*; du 23 juin 1824, *hospices d'Issoire contre la commune de Saint-Florent*);

Pour prononcer, d'après les titres ou la possession immémoriale, sur l'apportionnement des biens litigieux entre deux communes (voir l'arrêt du conseil, du 7 mai 1823, *commune de Lancié contre la commune de Fleury*);

Pour prononcer des déguerpissemens, restitutions de fruits et condamnations pécuniaires (voir les arrêts du conseil du 7 mai 1823, *commune de Barr et autres contre la ville de Strasbourg*; du 5 novembre 1828, *commune de Collaterie*);

Pour statuer sur les droits de vaine pâture, de pâturage et de parcours, que des communes prétendent avoir sur tout ou partie de leurs territoires (voir les arrêts du conseil, du 25 janvier 1815, *commune de Replonges contre la commune de Saint-Laurent*; du 22 juillet 1818, *Castan et consorts contre la commune de Langlade*; du 20 janvier 1823, *commune de Thann contre les communes de Cernay et de*

Steinbach; du 17 mars 1835, habitans de Polhay contre Camusat de Thony);

Pour statuer sur les limites de deux communes, si la question du fonds est une question de propriété (voir l'arrêt du conseil, du 24 décembre 1810, *commune de Zevaco contre la commune de Frassato*) ;

Pour statuer sur la proportion des droits que des communes co-partageantes prétendent tirer de leurs titres ou de la possession (voir l'arrêt du conseil, du 28 décembre 1809 (aux Archives) (1) ;

Pour statuer sur leurs prétentions de jouissance exclusive (voir l'arrêt du conseil, du 23 juillet 1823, *commune de Nogent*) ;

Pour stauer sur la propriété de terres vaines et vagues (voir l'arrêt du conseil, du 13 juillet 1813, *commune de Vingran contre l'état*).

CHAPITRE IV. — RESPONSABILITÉ DES COMMUNES QUANT AUX DÉLITS COMMIS SUR LEUR TERRITOIRE PAR ATTROUPEMENT.

Il y a à considérer les règles de la compétence et celles du fond.

SECTION Iʳᵉ. — *Règles de compétence.*

La compétence est judiciaire ou administrative.

§ 1ᵉʳ. — *Compétence des tribunaux civils.*

Du principe que les cas de responsabilité constituent une action extraordinaire, mais civile, en réparation d'un délit arrivé par la faute, l'égoïsme et la lâcheté des communes, il suit que les tribunaux civils sont compétens,

Pour statuer sur la responsabilité des délits commis à force ouverte ou par violence, sur le territoire d'une commune, par attroupemens ou rassemblemens armés ou non armés, soit envers les personnes, soit contre les propriétés nationales ou privées, ainsi que des dommages-intérêts auxquels ils donneront lieu (voir les arrêts de la cour de cassation, du 17 janvier 1817, 24 avril 1821, 27 avril 1821, 1ᵉʳ juillet 1821, 18 novembre 1821, 5 décembre 1822, 28 janvier 1826) ;

Pour prononcer l'amende, s'il y a lieu, sur la réquisition du

_____

(1) Depuis 1821, le texte de toutes les décisions du conseil d'état en matière contentieuse, sans aucune exception, est publié, avec des analyses, des annotations et observations, dans le *Recueil des arrêts du conseil*, fondé par M. le conseiller d'état Macarel, et continué par MM. Deloche et Beaucousin. Pour les décisions antérieures à la fondation du recueil précité, il existe bien, il est vrai, une collection en 8 volumes in-4° de M. Sirey, ancien avocat aux conseils; mais cette collection est loin d'être complète. L'auteur en a retranché tous les arrêts qui ne lui paraissaient pas renfermer des décisions d'un intérêt assez général. M. de Cormenin a pensé que les arrêts ainsi écartés contenaient souvent des règles essentielles ; en conséquence, il a fait aux archives du conseil d'état le relevé de la plupart d'entre eux. Mais il n'a pas indiqué le numéro assigné dans les archives à cet arrêts et le nom des parties entre lesquelles ils ont été rendus. Nous avons cherché à réparer cette omission; malheureusement nous n'avons pas toujours été assez heureux pour y parvenir, malgré de patientes recherches, que nous nous proposons de poursuivre, et que nous avons été forcés d'ajourner, à cause des demandes qui nous étaient adressées continuellement par nos abonnés pressés de jouir du travail de M. de Cormenin. On s'abonne au recueil des *arrêts du conseil* de MM. Macarel et Beaucousin, à la librairie administrative de Paul Dupont: prix de l'abonnement 15 fr. par an. On trouve à la même librairie des collections de ce recueil.

ministère public. (Voir l'arrêt de la cour de cassation, du 12 mars 1833.)

Les plaignans n'ont pas besoin, pour poursuivre la commune, de demander l'autorisation de l'autorité administrative. (Voir l'arrêt de la cour de cassation, du 18 novembre 1821, et l'avis des sections réunies du conseil d'état, du 28 janvier 1826.) — La raison en est que les poursuites dont il s'agit ne sont pas purement civiles, mais d'ordre public et de haute police.

§ 2. — *Compétence des préfets.*

Du principe que les condamnations pécuniaires prononcées contre les communes constituent une dette, et qu'il n'appartient qu'à l'autorité administrative de liquider, répartir et procurer le paiement des dettes des communes, il suit que le préfet est compétent pour distribuer entre tous les domiciliés le montant des condamnations pécuniaires prononcées contre une commune en exécution de la loi du 10 vendémiaire an 4.

SECTION II. — *Règles du fond.*

Le montant des condamnations doit être avancé par les vingt plus forts contribuables, sauf l'action récursoire contre les auteurs et complices du délit. (Voir l'arrêt de la cour de cassation, du 15 germinal an 13.)

Quant aux propriétés, la valeur des objets pillés à payer par la commune doit être celle de fabrique, au cours du jour du pillage, et les dommages-intérêts, le double de la valeur des objets pillés ;

Quant aux dégradations et dommages, la valeur exacte est seule due. (Voir l'arrêt de la cour royale de Paris, du 29 novembre 1834.)

Quant aux personnes, l'indemnité est due aux militaires, gendarmes et étrangers, comme aux autres parties lésées. (Voir le jugement du tribunal de Bourbon-Vendée, du 4 avril 1833; les arrêts de la cour de cassation, du 8 brumaire an 7, du 8 vendémiaire an 10 et du 17 novembre 1834.)

L'indemnité est due non pas aux père et mère, mais à la veuve et aux enfans seulement du citoyen tué. (Voir l'arrêt de la cour de cassation, du 3 vendémiaire an 10.)

La responsabilité ne peut peser sur la commune dans le cas de rébellion à main armée et d'insurrection contre le gouvernement (1). (Voir l'arrêt de la cour de cassation, du 7 avril 1836.)

La loi n'est pas applicable non plus,

Si, au moment du délit, la guerre civile avait brisé la municipalité et l'organisation ordinaire de la défense (voir les arrêts de la cour de cassation, des 27 juin et 5 décembre 1822; et celui de la cour royale de Bordeaux, de 1834) ;

Si la commune prouve qu'elle a pris toutes les mesures pour prévenir le pillage, et que les pillards sont étrangers à son territoire (voir l'arrêt de la cour royale d'Aix, du 2 juin 1832) ;

Si la commune prouve qu'elle n'a pu avoir matériellement connaissance du désordre (voir l'arrêt du conseil, du 18 juin 1808).

---

(1) Dans ce cas qui réparera le dommage? — Est-ce l'état? — La chambre des députés a rejeté un projet de loi relatif à la ville de Lyon, qui constituait l'état débiteur. Ici l'on ne doit pas se déterminer d'après un principe absolu, mais d'après les circonstances.

Les communes ne sont pas responsables envers les maires et les adjoints des dommages-intérêts qui peuvent être dus à ceux-ci, lorsqu'ils auraient reçu quelque atteinte dans leurs personnes et leur propriétés, par esprit de vengeance et par suite de leurs fonctions. (Voir un avis inédit du conseil d'état, du 5 germinal an 12.)

Lorsqu'une commune est dans le cas de responsabilité, le procès-verbal des officiers municipaux n'est pas absolument indispensable pour l'application de cette responsabilité. (Voir un avis du conseil d'état, du 5 floréal an 13, inséré au Bulletin des lois.)

Les poursuites peuvent être dirigées d'office contre une commune pour des excès commis sur des propriétés particulières. (Voir un avis inédit du conseil d'état, du 20 septembre 1821.)

CHAPITRE V. — DU PARTAGE DES BIENS COMMUNAUX.

Il y a trois sortes de modes de partage :
1° Le partage proportionnel à l'étendue de la propriété ;
2° Le partage par feux ou chef de famille ;
3° Le partage par tête d'habitant.

Le premier mode est aristocratique, le second monarchique, le troisième démocratique.

En organisant le partage des biens communaux, par tête d'habitant de tout sexe et de tout âge, absent ou présent, la loi du 10 juin 1793 rétablissait, sur une petite échelle, la loi agraire.

En admettant tout individu de tout sexe, âgé de 21 ans, à voter dans l'assemblée communale, elle réalisait le suffrage universel dans son expression la plus absolue.

Il y a ici à considérer les règles de la compétence et celles du fond.

SECTION 1re. — *Règles de compétence.*

La compétence est administrative ou judiciaire.

§ 1er.— *Compétence administrative.*

Du principe que, lorsqu'il s'agit de mesures de gestion, d'ordre et de surveillance, et d'actes qui émanent de l'administration elle-même, c'est à elle qu'il appartient d'en déterminer le sens et d'en régler l'exercice, il suit que l'autorité administrative est compétente pour décider les contestations qui pourraient s'élever sur le partage des biens communaux et sur le mode de leur jouissance. Il faut distinguer la compétence des préfets et celle des conseils de préfecture.

N° 1er. — *Compétence des préfets.*

Du principe que les opérations matérielles du partage, d'après une base posée, soit par les lois, soit par des jugemens, sont de simples actes de l'administration, il suit que les préfets sont compétens,

Lorsque les proportions relatives aux droits de propriété que deux communes prétendent devoir exercer sur des pâturages, bruyères ou autres biens indivis, ont déjà été réglées définitivement par les tribunaux, et qu'il ne s'agit plus, dès-lors, que de procéder à une simple opération de partage, selon les proportions établies par l'autorité judiciaire (voir les arrêts du conseil, du 28 novembre 1809, *commune de Vauvey contre la commune de Villiers-la-Forêt;* du 7 mai 1823, *commune de Barr et autres contre la ville de Strasbourg*) ;

Lorsqu'il s'agit de régler *provisoirement* la portion de dépaissance dont chacune des sections d'une même commune doit jouir sur le fonds contesté entre elles. (Voir l'arrêt du conseil, du 14 janvier 1824, *habitans du village de Balmelles contre les habitans des villages d'Aidoux, La Roche et autres*.) — Le provisoire est un acte d'administration. La question du fond est judiciaire ; le préfet statue, sauf recours au ministre de l'intérieur.

N° II. — Compétence des conseils de préfecture.

I° — Du principe que les contestations élevées sur l'exécution des partages consommés, rentrent dans le contentieux dévolu aux conseils de préfecture, il suit que c'est à eux à statuer,

Sur les demandes en décharge de taxe de parcours (voir l'arrêt du conseil, du 2 août 1836, *Alix et Mermot contre la commune de Dompierre*) ;

Sur les contestations relatives à l'occupation des biens communaux, qui pourraient s'élever entre les copartageans, détenteurs ou occupans et les communes, depuis la loi du 10 juin 1793, ou auparavant, soit sur les actes et sur les preuves du partage des biens communaux, soit sur l'exécution des conditions prescrites par l'article 3 de ladite loi (voir les arrêts du conseil du 9 janvier 1828, *Goutant contre Joly*; du 16 juin 1831, *Bourdet et Martin contre la commune de Lacelle*); — Le tout dans les formes tracées par le décret du 4° jour complémentaire an 13.

Sur la question de savoir si des acquisitions, ventes ou échanges opérés entre une commune et un particulier, doivent être annulés, pour n'avoir pas été autorisés ou confirmés par arrêt du conseil (voir l'arrêté du 15 pluviose an 11, *Reith contre la commune de Ramerschmatte*, aux Archives, n° 5536) ;

Sur l'existence, la validité et les effets des actes de soumission des détenteurs (voir la loi du 9 ventose an 12, art. 6 ; l'ordonnance réglementaire du 10 septembre 1817 ; l'arrêt du conseil du 19 octobre 1825, *Bonnataque contre la commune de Bresmes*) ;

Sur la question de savoir si l'administration, en réintégrant des copartageans dans leurs lots par suite de partage, a entendu que les fruits de ces lots leur seraient restitués (voir l'arrêt du conseil du 4 juin 1809 (aux Archives).)

Mais les conseils de préfecture ne peuvent d'office ni sur la demande du tiers revendiquant, annuler des partages. Leur compétence ne s'exerce qu'entre les communes et les copartageans. Ils doivent, sur la question préalable de propriété, renvoyer les parties devant l'autorité judiciaire. (Voir l'arrêt du conseil, du 12 novembre 1823, *commune de Hochfrankenheim contre l'hospice de Bouxwiller*.)

II° — Comment sont soumis au conseil d'état les arrêtés des conseils de préfecture, concernant la validité des partages?

Avant l'établissement du comité du contentieux, le conseil d'état a long-temps jugé de la validité des partages, sur le rapport du ministre de l'intérieur.

Ainsi le voulait le décret réglementaire du 4° jour complémentaire an 13.

L'annulation inconsidérée d'un partage, depuis long-temps consommé, pouvait jeter le trouble dans une commune et désaffectionner les habitans ; l'empereur, mu par des considérations politiques, voulut apprécier par lui-même, en conseil d'état, la validité des motifs allégués par les conseils de préfecture, et ne permit pas

de mettre leurs arrêtés à exécution sans son approbation préalable.

Mais, lorsque la jurisprudence du maintien des partages se fut
régularisée et affermie, le conseil d'état reçut, par la voie contentieuse et directement, l'appel de ces arrêtés, que la loi qualifie de
jugemens, soit de la part des copartageans dépouillés, soit de la part
des communes, soit de la part du ministre de l'intérieur.

En dernier lieu, et par arrêts des 10 septembre 1835, *commune
de Surrain*, et 23 avril 1836, *communes de Lavallée et d'Échilay contre les communes de Trizay, Beurlay et autres*, le conseil d'état est
revenu aux erremens du décret réglementaire de l'an 13. C'est
s'attacher un peu étroitement au texte d'une disposition temporaire
et exceptionnelle; car la matière est contentieuse, s'il en fut.

Le décret de l'an 13 empiétait sur le pouvoir législatif, en restrei-
gnant à une espèce d'avis les facultés judiciaires des conseils de
préfecture. C'est une anomalie que de faire confirmer par une ordonnance administrative, intervenue sur le rapport du ministre de
l'intérieur, un jugement de conseil de préfecture.

Toutefois, nous engageons, soit les communes, soit les détenteurs,
à s'adresser au ministre de l'intérieur pour qu'il introduise l'affaire
sur son rapport, de peur que leur action directe au conseil d'état ne
fût repoussée.

C'est le comité de l'intérieur, puisqu'on revient au décret de
l'an 13, qui devrait rapporter l'affaire au conseil d'état, en séance
administrative, et non le comité de justice qui devrait même s'abstenir dans ce cas d'y paraître. Car l'ordonnance d'annulation ou
de maintien du partage serait essentiellement attaquable par la
voie contentieuse, de la part, soit des détenteurs, soit des communes dont elle froisserait les intérêts les plus graves et les plus
précieux. (Voir les arrêts du conseil du 20 mars 1822, *Girardet et
consorts*; du 23 novembre 1832, *Briquet et consorts contre la commune de Warlaing*.) Le premier de ces arrêts admet la tierce-opposition des détenteurs à une semblable décision.

Pourquoi faire tout ce circuit, qui prolonge inutilement l'affaire,
puisque, en définitive, on se pourvoira contre l'ordonnance au lieu de
se pourvoir contre l'arrêté: ce n'était pas la peine en vérité de changer de jurisprudence.

Nous ferons remarquer que, tout en maintenant l'annulation du
partage, le conseil d'état, afin de ne pas jeter une trop subite et
trop grave perturbation dans la longue possession des détenteurs,
les admet avec sagesse à jouir du bénéfice de la loi du 9 ventose
an 12, pour devenir propriétaires incommutables.(Voir l'arrêt du
conseil du 20 mars 1822, *Girardet et consorts.*)

§ 2. — *Compétence judiciaire.*

Du principe que toutes les contestations qui ne rentrent pas dans
l'interprétation et dans l'application des actes administratifs de partage, sont du ressort de l'autorité judiciaire, il suit que c'est aux
tribunaux civils à prononcer,

1° Si des particuliers, ou le domaine, ou des hospices, ou des fabriques et établissemens publics, prétendent à des droits de propriété
sur des biens communaux, partagés ou occupés comme biens communaux (voir la loi du 9 ventose an 12, art. 6 et 7; les arrêts du
conseil du 11 janvier 1808, *Demenardeau contre les habitans de
Saint-Marc du Désert*; du 10 mars 1809, *commune d'Ohnenheim*; du

19 juillet 1811 (aux Archives) ; du 24 mars 1812, *Le Court contre le maire de Beaunay*, aux Archives, n° 48529 ; du 1er novembre 1814, (aux Archives) ; du 24 décembre 1823, *Tourrand et consorts*) ;

2° Si, à l'occasion du partage des biens indivis entre deux communes, il s'élève préalablement des questions relatives à la proportion de leurs droits respectifs, fondés sur leurs titres ou leur possession (voir les arrêts du conseil du 28 novembre 1809, *commune de Vauvey contre la commune de Villiers-la-Forêt ; du 23 avril 1836, commune de Lavallée et d'Echilay contre les communes de Trizay, Beurlay et autres ; du 14 juin 1836, commune d'Appeville*) ;

3° Si une section de commune prétend avoir toujours possédé les biens litigieux, en propre et à l'exclusion du reste de la commune (voir l'arrêt du conseil du 20 septembre 1809, *Chollez contre la commune de Conflans*) ;

4° Si un habitant prétend qu'il a droit d'être compris, comme habitant, dans la distribution des biens communaux (voir l'arrêt du conseil du 1er avril 1811, *Lombard contre Butraille*) ;

5° S'il y a entre des communes, ou entre une commune et un particulier, quelques contestations relativement à l'étendue et à l'exercice d'un droit de pâturage (voir l'arrêt du conseil du 1er avril 1811, *Lombard contre Butraille ; du 7 novembre 1814, Laufroy contre Glay*) ;

6° Si, après le partage consommé, il s'élève des contestations entre des copartageans, pour troubles et voies de fait (voir les arrêts du conseil d'état, du 18 juin 1809, *commune de Quessy*, aux Archives, n° 30769 ; du 12 décembre 1811, *Guelte contre Humbert*, aux Archives, n° 46774 ; du 7 novembre 1814, *Laufroy contre Glay*) ;

7° Si quelque personne prétend des droits de propriété sur un bien communal resté dans l'indivision ou antérieurs au partage (voir les arrêts du 11 janvier 1807 (aux Archives) ; du 11 janvier 1808, *Demenardeau contre les habitans de Saint-Marc-du-Désert ; du 24 avril 1810, habitans de Chalors et autres villages de la commune de Malbo contre Salvage et consorts*, aux Archives, n° 36651) ;

8° S'il s'élève des contestations au sujet de concessions, faites par d'anciens seigneurs, à plusieurs habitans, de terrains ou bois, pour en jouir par indivis, mais à l'exclusion des autres habitans (voir l'arrêt du conseil du 28 mai 1812, *habitans de Jussy*) ;

9° S'il s'élève des contestations entre les copartageans et leurs successeurs (voir l'arrêt du conseil du 7 novembre 1814, *Laufroy contre Glay*) ;

10° S'il naît une question d'hérédité à l'occasion d'un partage et qui se trouve régie par d'anciens réglemens (voir l'arrêt du conseil du 25 octobre 1820, *Petrequin*) ;

11° Si la question de bornage s'élève entre un tiers et le détenteur, en vertu d'un partage non contesté (voir l'arrêt du conseil du 9 janvier 1828, *Goutant contre Joly*) ;

12° Si, après avoir fait annuler par le conseil d'état un arrêté des administrations centrales, incompétemment pris sous la forme d'un jugement de réintégrande, l'ancien propriétaire poursuit la commune, ou même les détenteurs (s'il y a eu partage), en éviction du terrain usurpé (voir l'arrêt du conseil du 29 mai 1822, *d'Entraigues*) ;

13° Si les habitans contestent entre eux sur le fond du droit (voir l'arrêt du conseil, du 9 avril 1817, *Niam et consorts contre les habitans de Le Seure*) ;

14° S'il a été passé entre quelques habitans un acte touchant l'u-

4

sage d'une propriété commune et indivise entre eux (voir les arrêts du conseil du 28 mai 1812 , *habitans de Jussy*; du 23 octobre 1816, *héritiers de Montmort contre la commune de Jully-le-Châtel et autres*);

15° Si, après un partage annulé et l'indivis rétabli, des particuliers, des communes ou sections de commune, prétendent droit à la jouissance exclusive des biens litigieux, d'après des titres anciens (voir l'arrêt du conseil du 23 juillet 1823, *commune de Nogent*) ;

16° Si des communes forment contre l'état, des particuliers ou d'autres communes, une action en cantonnement : la raison en est que ces actions se résolvent, de droit, en distraction d'une partie de la propriété même. D'ailleurs, l'article 6 de la loi du 28 août 1792, non abrogée par aucune loi , en donnant aux tribunaux la révision des cantonnemens faits à cette époque, a bien implicitement fixé leur compétence pour les cantonnemens futurs, s'il y a litige (voir l'avis du conseil d'état , du 7 octobre 1809; l'arrêté du 26 prairial an 8; l'arrêt de la cour de cassation du 22 mars 1836 ; voir aussi le Code forestier);

Par voie de conséquence, les contestations qui peuvent s'élever sur l'homologation du rapport des experts, sont également du ressort des tribunaux (voir l'arrêt du conseil, du 7 février 1809, *commune de Bieles contre l'état*, aux Archives, n° 29314) ;

17° Si un bien est communal, ou si c'est une propriété indivise entre plusieurs, et quels sont, dans l'un et l'autre cas, les droits de jouissance respectifs, d'après les titres anciens ou la possession (voir l'arrêt du conseil du 18 juin 1823, *Benoît et consorts*) ;

18° Si les détenteurs, niant l'usurpation, se prétendent propriétaires à tout autre titre qu'en vertu d'un partage (voir la loi du 9 ventose an 12; l'avis du conseil d'état du 18 juin 1809; l'ordonnance réglementaire, du 23 juin 1819; et les arrêts du conseil des 23 juillet 1823, *Houssais et consorts;* 24 décembre 1823 , *Tourrand et consorts ;* 26 juillet 1826, *Duroure et Chocat contre la commune de Louesme ;* et 31 août 1830, *Cadoux contre la commune de Cisery-les-Grands-Ormes*). — Si c'était à titre de vente nationale, le conseil de préfecture serait compétent (voir l'arrêt du conseil du 16 juin 1831, *Fauleau contre la commune de Givry*);

19° Si un maire ordonne de creuser des fossés pour séparer des biens communaux de ceux d'un particulier qui se plaint d'usurpation sur son terrain (voir l'arrêt du conseil du 16 mai 1810, *Barré de Saint-Venant contre Privat et consorts*, aux Archives, n° 36804);

20° S'il faut déterminer les limites respectives de deux communes, relativement au parcours , et d'après d'anciens titres (voir l'arrêt du conseil du 31 mars 1819, *commune de Parne*);

Et autres cas analogues.

SECTION II. — *Règles du fond.*

Ces règles se rapportent au maintien ou à l'annulation des partages.

§ 1er. — *Règles relatives au maintien des partages.*

Une multitude de partages ont été maintenus définitivement, attendu la bonne foi des copartageans, le vœu des habitans, et la longue et paisible jouissance des détenteurs, ou leur soumission aux conditions et charges de la loi du 9 ventose an 12. (Voir les arrêts du conseil, du 24 juin 1808, *commune de Neuville-les-Seys* et *commune de*

Moyenvic; du 16 août 1808, *commune Daubuhden ;* du 10 septembre 1808, *commune de Saint-Jacques-des-Blats ;* du 26 novembre 1808, *commune de Monceau-les-Leups ;* du 11 décembre 1808, *commune de Brainville;* du 21 décembre 1808, *commune de l'Hôpital-sous-Conflans;* du 3 janvier 1809, *commune d'Asfeld*, aux Archives, n° 28646 ; du 3 janvier 1809, *commune de Sonyeaux,* aux Archives, n° 28647; du 3 janvier 1809, *commune de Westhoften*, aux Archives, n° 28649; du 3 janvier 1809, *commune de Saint-Nicolas d'Aliermont*, aux Archives, n° 28706 ; du 2 février 1809, *commune de Rimancourt*, aux Archives, n° 29207; du 2 février 1809, *commune de Lidreguin*, aux Archives, n° 29208; du 2 février 1809, *commune de Chateauvoué*, aux Archives, n° 29209; du 2 février 1809, *commune de Chauffecourt;* du 27 mars 1809, *commune de Bussières,* aux Archives, n° 29928; des 28 mai, 11 juin, 18 juillet 1809 (aux Archives); du 14 juillet 1819, *commune de Grandvaux;* du 20 mars 1822, *Béard contre la commune de Pollieu ;* du 16 juin 1831, *Bourdet et Martin contre la commune de Lacelle.*)

— Les motifs déterminans du maintien des partages ont dû être ceux-ci :

1° L'intérêt de la justice, parce qu'il aurait été peu équitable de dépouiller des détenteurs qui, s'étant crus propriétaires, ont joui de bonne foi et usé de leurs droits;

2° L'intérêt des tiers, à cause des traités qui leur ont été consentis ;

3° L'intérêt des communes, parce que le partage y a répandu plus d'aisance et y a guéri la plaie de la mendicité;

4° L'intérêt du fisc, parce que des biens, autrefois sans valeur pour lui, sont aujourd'hui soumis aux droits de mutation et de succession.

— Voici maintenant les règles posées par la jurisprudence.

Du principe politique qu'il faut beaucoup moins s'attacher à la régularité des formes du partage qu'au fait matériel de son exécution, il suit :

1° Qu'il a suffi, pour valider un partage, non pas que toutes, mais que les principales formalités prescrites par la loi du 10 juin 1793 eussent été observées (voir quatre arrêts du conseil du 16 août 1808, deux du 19 août même année, un du 17 février 1809 (aux Archives));

2° Que l'existence d'un acte de partage, quoique irrégulier dans la forme , suffit pour valider le partage s'il a été suivi d'exécution (voir les arrêts du conseil des 24 juin 1808, *commune de Lalheue,* aux Archives, n° 25974 ; du 3 août 1808 (aux Archives); du 11 août 1808, *habitans de Souilly contre la municipalité de Souilly,* aux Archives, n° 26578 ; du 19 août 1808 (aux Archives) ; du 4 juin 1809, *commune de Tannay*, aux Archives, n° 30537 ; du 13 février 1816, *commune de Vis-en-Artois et commune de Las Bordes;* du 3 juin 1818, *commune de Treffay*); si les co-partageans ont défriché, clos et bâti (voir l'arrêt du conseil, du 21 octobre 1818, *Vuillet de Bonnarelsault contre la commune de Saisenay*); à plus forte raison, s'il a existé un acte régulier de partage. Si donc un décret, malgré l'existence d'un acte de partage , avait annulé ledit partage, il y a lieu de réformer le décret (voir l'arrêt du conseil, du 23 novembre 1832, *Briquet et consorts contre la commune de Warlaing*);

3° Que ceux qui possèdent en vertu d'un acte de concession, ou d'un partage, même verbal , sont maintenus purement et simplement;

C'est du moins ce qui résulte implicitement de l'article 1er de l'ordonnance réglementaire du 23 juin 1819. C'est là son esprit et même son texte : car ne porter les recherches que sur les usurpations proprement dites, c'est les interdire sur le reste. L'ordonnance du 23 juin 1819 ne s'applique qu'aux usurpations, et non aux partages (voir l'arrêt du conseil, du 26 novembre 1828, *Derioux et consorts contre la commune de Vicq*);

4° Que si l'acte qui opérait le partage a été brûlé, adiré, perdu, il peut être suppléé, soit par les actes récognitifs des habitans, soit par l'exhibition des délibérations du conseil municipal qui l'ont provoqué (voir les arrêts du conseil, du 23 juin 1819, *commune de Touffreville*, et 20 octobre 1819, *Plançon et consorts contre la commune de Naisey*);

5° Qu'on ne peut annuler un partage sous prétexte de dettes communales qui grèveraient les biens (1), encore moins si les dettes étaient acquittées;

Ni pour défaut d'enregistrement et de dépôt des différens actes qui le constituent (voir l'arrêt du conseil, du 3 juin 1809 (aux Archives);

6° Que les détenteurs de biens communaux, en vertu de partages opérés, soit avant, soit après le 10 juin 1793, ont été admis indis-

---

(1) La raison en est que les dettes affectées sur les biens communaux, antérieurement au partage, peuvent et doivent être acquittées par les copartageans, chacun au prorata de la portion qui lui est échue (voir l'arrêt du conseil, du 3 janvier 1809 (aux Archives));

Ou à l'aide d'une contribution volontaire et proportionnelle (voir l'arrêt du conseil, du 18 juillet 1809 (aux Archives));

C'est aussi ce qui résulte d'un arrêté du gouvernement, du 25 thermidor an 13, portant que la loi du 10 juin 1793 n'attache pas de nullité au défaut de justification du paiement préalable des dettes, et que les copartageans ne cessant pas d'être débiteurs de la somme à payer pour les éteindre, ils doivent faire, après le partage, ce qu'ils auraient dû faire auparavant, et, par conséquent, les répartir entre eux.

Pour nous, nous pensons qu'il n'y a pas lieu, à la vérité, d'annuler des partages, à défaut, par les copartageans, d'avoir acquitté les dettes qui les grevaient; mais nous nous déterminerions par d'autres motifs que ceux des décrets précités.

Les voici :

Lorsque la loi du 24 août 1793 parut, qui proclamait la nationalisation des dettes des communes, la loi du 10 juin 1793, sur les partages, n'avait pas encore reçu d'exécution. Les biens communaux étaient donc, avant de changer de main, affranchis de leurs dettes. Les créanciers ont dû s'adresser à la liquidation générale : les copartageans ont pris possession de ces biens dégrevés, et en ont joui paisiblement, sans être exposés à l'action des créanciers. On ne doit considérer les décrets précités que comme des exceptions à la règle générale de la nationalisation des dettes, règle qui n'avait pas elle-même reçu, à cette époque, l'extension et la certitude qu'elle a aujourd'hui.

La loi du 10 juin 1793 n'a annulé les partages des biens communaux, antérieurs à sa publication, qu'autant qu'ils auraient été effectués d'une manière contraire à ses dispositions.

La loi du 9 ventose an 12 est applicable aux partages maintenus par celle du 10 juin 1793, aussi bien qu'à ceux qui ont été faits en vertu de cette loi. (Voir l'arrêt du conseil, du 17 juillet 1808 sur un conflit *du préfet du Nord*, aux Archives, n° 26254. Conférer avec un arrêté du gouvernement, du 16 frimaire an 11, *commune de Marlenheim*, aux Archives, n° 5028.)

Le décret additionnel du 4e jour complémentaire an 13 (aux Archives) a effacé les distinctions entre les anciens et nouveaux partages, établies par la loi du 10 juin 1793, sect. 4, art. 6.

tinctement[à jouir du bénéfice de]'article 3 de la loi du 9 ventose an 12 (voir les arrêts du conseil des 19 avril 1806, *habitans d'Alliermont contre l'état*, aux Archives, n° 16916 ; du 24 juin 1808, *communes de Moyenvic, de Labarre et de Noiseau ;* du 30 décembre 1809, *commune de Chagey*, aux Archives, n° 34995 ; du 6 janvier 1810, *commune de Cubry-les-Soins*, aux Archives, n° 35049 ; du 21 octobre 1818, *Vuillet de Bonnarelsaut contre la commune de Saisenay*) ;

7° Qu'un partage fait dans les formes de la loi du 10 juin 1793 ne peut être annulé sur le motif qu'il a compris des biens qui ont été ensuite revendiqués et restitués à des tiers, ou que quelques uns des habitans de la commune n'y auraient pas participé (voir les arrêts du conseil, des 26 janvier 1809, *commune des Vignes ;* du 11 septembre 1813, *commune de Cintheaux contre Fouquet ;* et le décret réglementaire du 4° jour complémentaire an 13 (aux Archives)) ;

8° Qu'un acte dressé en vertu de ladite loi confère aux co-partageans, ou à leurs ayans-cause, la qualité de propriétaires incommutables. (Voir les arrêts du conseil, du 11 septembre 1813, *commune de Cintheaux contre Fouquet*, et 24 mars 1819, *Baudet et consorts contre Lassalle.*)—Toutefois, l'action judiciaire en revendication ne doit pas être dirigée par les tiers contre les copartageans détenteurs, mais contre la commune. La raison en est que les actes de partage ne sont pas attributifs, mais simplement déclaratifs du droit de propriété, et que le partage qui lie la commune et les copartageans est, à l'égard des tiers, *res inter alios acta* (voir l'arrêt de la cour de Riom, du 11 février 1811, les arrêts du conseil des 11 janvier 1808, *Demenardeau contre les habitans de Saint-Marc-du-Désert ;* du 14 août 1813, *Chiniard* et autres).

§ 2.— *Règles relatives à l'annulation des partages.*

Du principe que les partages ne doivent pas être maintenus, lorsqu'ils ont été faits en contravention expresse à la loi, ou qu'ils sont frauduleux, ou qu'ils n'ont pas été exécutés, il suit qu'il y a lieu d'annuler des partages,

1° Lorsque, sur la demande d'un seul individu, ils ont été délibérés contre le vœu de la commune et non effectués (voir les arrêts du conseil du 3 septembre 1808, *commune du Puxe ;* du 6 novembre 1817, *Varlet contre la commune de Laires*) ;

2° Lorsqu'il résulte des actes produits qu'il s'agit plutôt d'un partage de jouissance que d'un partage de propriété (voir les arrêts du conseil des 25 février 1806 (aux Archives), et 26 novembre 1808, *commune de Monceau-les-Leups*) ;

3° Lorsque le partage a été opéré en vertu d'un bail (1) ; car un bail ne constitue pas un acte translatif de propriété (voir l'arrêt du conseil du 28 novembre 1809, *commune de Creuzier-le-Vieux*) ;

4° Lorsqu'un projet de partage n'a pas reçu d'exécution ; que les

---

(1) Maintenant les partages à vie, ou qui ne confèrent qu'une jouissance usufruitière, sont considérés comme un mode de jouissance soumis aux dispositions du décret du 9 brumaire an 13. Ni la loi de ventose an 13, ni les décrets interprétatifs des 4° jour complémentaire an 13 et 19 mai 1808, ne leur sont appliqués. Conséquemment, ces sortes de partages ne sont ni annulés, ni confirmés ; on les déclare seulement maintenus *ipso facto*, conformément à l'article 1er du décret du 9 brumaire an 13, sauf au conseil municipal à en provoquer le changement, suivant les autres dispositions du même décret.

Telle est la jurisprudence du comité de l'intérieur.

arrêtés des corps administratifs ou les décrets qui prononçaient l'annulation de ce partage, ont été publiés et affichés dans la commune, qu'ils ont été exécutés par l'adjudication desdits biens, aux enchères et à bail (voir l'arrêt du conseil, du 26 juin 1822, *Buffard et consorts contre la commune de Crotenay*) ;

5° Lorsqu'il a été procédé à un nouveau partage, sous prétexte de nullité d'un premier partage (voir l'arrêt du conseil, du 11 décembre 1808, *commune de Brainville*);

6° Lorsque le partage a été fait en vertu de la loi du 10 juin 1793, après la loi du 21 prairial an 4 (1) (voir l'arrêt du conseil, du 24 juin 1808 , *commune de Neuville-les-Seys*) ;

7° Lorsque le registre produit par les détenteurs, à l'appui de leurs prétentions, ne constate ni vœux des habitans, ni nomination d'experts, ni procès-verbal de division, ni procès-verbal de tirage des lots au sort, et qu'il n'est lui-même constaté par aucune signature. — Mais on admet les détenteurs à jouir du bénéfice de l'article 3 de la loi du 9 ventose an 12 (voir l'arrêt du conseil, du 16 août 1808, *commune Daubuhden*).

8° Lorsqu'on a partagé des bois communaux, nonobstant la prohibition de l'article 4 de la loi du 10 juin 1793 (voir l'arrêté du 16 frimaire an 11, aux archives du conseil d'état, et les arrêts du conseil, du 18 février 1806 et 10 février 1808 (aux Archives));

9° Lorsqu'il n'a pas été dressé d'acte de partage (voir l'arrêté du 16 frimaire an 11, la loi du 9 ventose an 12, art. 1er, et l'arrêt du conseil, du 3 juin 1811, *commune d'Écurey*, aux Archives, n° 44014);

10° Lorsqu'il s'agit d'un partage de terrains renfermant de la tourbe. (Voir la loi du 10 juin 1793, art. 9, et le décret du 22 frimaire an 13.) Les détenteurs sont néanmoins admis à jouir du bénéfice de l'article 3 de la loi du 9 ventose an 12. (Voir l'arrêt du conseil, du 23 avril 1818, *commune de Marigny*.) — Nous ajouterons que c'est à la condition toute spéciale qu'ils paieront, outre la redevance ordinaire pour la superficie, une indemnité égale à la moitié de la valeur actuelle de la tourbe, qu'ils exploitent chaque année. C'est ainsi qu'ont été maintenus en possession provisoire, par une ordonnance du 16 août 1817, la plupart des co-partageans du Pas-de-Calais et de la Somme, auxquels s'appliquait le décret du 30 janvier 1812. Plusieurs autres ordonnances sont intervenues depuis dans le même sens. La prescription trentenaire ayant été acquise aux communes le 25 mars 1834, a éteint la plupart des actions en annulation de partages.

CHAPITRE VI. — DU MODE DE JOUISSANCE DES BIENS COMMUNAUX.

Il y a ici à considérer la compétence et les règles du fond :

SECTION Ire. — *Compétence.*

1°—La compétence, quant au réglement du mode de jouissance des

---

(1) De même, un partage projeté en 1793, et qui n'a pas reçu son exécution, ne peut pas valider un second partage, fait en l'an 13, et à une époque où les lois défendaient de procéder à aucun partage de biens communaux. (Voir l'arrêt du conseil, du 3 septembre 1808, *commune du Puxe.*)

Les motifs de ces décrets sont que le partage n'a pas été fait en vertu de la loi du 10 juin 1793, puisque cette loi n'existait plus. Cette règle est vraie en principe ; mais ce principe ne doit-il pas fléchir dans une matière où la seule apparence d'un titre, régulier ou non, mais suivi d'exécution et de bonne foi, suffit pour valider le partage ? C'est notre sentiment.

biens communaux, est un des points sur lesquels la loi du 18 juillet 1837 a modifié le plus gravement la législation relative à l'administration municipale.

Précédemment, les communautés d'habitans, qui, n'ayant pas profité du bénéfice de la loi du 10 juin 1793, avaient conservé, après la publication de cette loi, le mode de jouissance de leurs biens communaux, devaient continuer de jouir de la même manière desdits biens.

S'ils voulaient changer ce mode, il fallait une ordonnance du roi, rendue en conseil d'état, sur la demande des conseils municipaux et de l'avis des préfets et des sous-préfets.

Si la loi du 10 juin 1793 avait été exécutée, et que, en vertu de cette loi, il eût été établi un nouveau mode de jouissance, ce mode devait être exécuté; mais les habitans pouvaient en obtenir le changement, par arrêté du préfet, pris en conseil de préfecture, sur la demande du conseil municipal et de l'avis du sous-préfet. Il y avait recours au conseil d'état, contre l'arrêté préfectoral, de la part du conseil municipal et même d'un ou de plusieurs habitans ayant droit à la jouissance. (Voir le décret du 9 brumaire an 13, et les arrêts du conseil d'état, du 11 décembre 1808, *commune de Brainville;* du 10 mars 1809, *commune de Croissy*, aux Archives, n° 29623; du 16 juillet 1810, *commune de Beauclairt*, aux Archives, n° 37892; du 29 mars 1833, *communes d'Urmatt et Heiligenberg contre les communes de Still et autres.*)

Dans ce système, tout changement de mode de jouissance était considéré comme altérant trop gravement la situation de la commune pour ne pas exiger l'intervention de l'autorité centrale.

Les conseils municipaux réglaient seulement les conditions auxquelles les habitans pouvaient exercer la dépaissance sur le champ communal et notamment le tarif du droit à payer par tête de bétail, comme location d'herbage. Cette faculté dérivait naturellement de celle qui leur était attribuée, en ce qui concernait le parcours et le troupeau commun, par l'article 13, section 4 de la loi du 6 octobre 1791, par l'article 6 de la loi du 11 frimaire an 7, et par l'article 15 de la loi du 28 pluviose an 8, qui les rendait textuellement régulateurs de l'exercice des droits de pâturage, affouage, pâtures, récoltes et fruits communs.

La loi nouvelle a été conçue dans d'autres vues. Le législateur de 1837 a considéré que le mode de jouissance et la répartition des pâturages et des fruits communaux, et les affouages, ne concernait que le présent; qu'il s'agit là de simples jouissances qui ne peuvent guère compromettre le fond de la propriété communale (1). D'après ces idées, les conseils municipaux sont appelés à régler le mode de jouissance et la répartition des pâturages et fruits communaux autres que les bois, ainsi que les conditions à poser aux parties prenantes, et même les affouages en se conformant aux lois forestières. (*Loi du* 18 *juillet* 1837, *art.* 17.) Seulement, à raison de l'état de minorité de la commune, qui veut que tous les actes des administrateurs de ses intérêts spéciaux soient soumis au contrôle de la puissance publique, le préfet a le droit, pendant trente jours, à dater de la réception à la préfecture de la délibération des conseils municipaux, de l'annuler, soit d'office, pour violation d'une disposition de loi ou d'un réglement d'administration publique, soit sur la réclamation

_____

(1) Voir notamment le rapport fait par M. Vivien, à la chambre des députés, le 26 avril 1836.

de toute partie intéressée. Le préfet peut aussi suspendre l'exécution de la délibération pendant un autre délai de trente jours.

Mais le changement de mode de jouissance ne pourrait aller jusqu'au partage qui serait une véritable aliénation. Et l'aliénation des
biens communaux est soumise à des règles spéciales. (Voir notamment la loi du 18 juillet 1837, art. 46.)

Telles sont les attributions des conseils municipaux et des préfets, quant au mode de jouissance.

II°—Quant aux conseils de préfecture, ils sont compétens pour statuer sur les contestations relatives aux rôles de répartition d'affouage
entre les habitans des communes. (Voir les arrêts du conseil, du 22
juin 1811, *héritiers Lacenaise contre la commune de Vadans*; du 7
octobre 1812, *Schoumann*.)

III°—Quant à l'autorité judiciaire, c'est à elle seule qu'il appartient
de prononcer sur les droits de propriété, usage, affouage, parcours,
vaine pâture et autres réglés antérieurement par actes, transactions, jugemens, soit entre plusieurs communes, soit entre les
sections de la même commune, soit entre deux communes réunies,
soit entre des communes et le domaine, ou établissemens publics
ou particuliers. (Voir l'arrêté réglementaire du 24 prairial an 11,
art. 3; les arrêts du conseil, du 1er avril 1811, *Lombard contre Butraille*; du 11 janvier 1813, *commune de Malle contre la commune de
Millen*; du 22 mai 1813, *commune de Treveray contre la commune de
Neuveville-Treveray*; du 9 avril 1817, *Niam et consorts contre les
habitans de Le Seure*; du 21 mars 1821, *commune d'Ars*; du 10 août
1825, *commune de Montmartin-Huanne contre Gérard*; du 15 novembre 1826, *Buisson et autres habitans du village des Sagnes,
commune de Saint Julien du Tournel*; du 24 janvier 1827, *commune d'Octeville contre Toussaint*; du 14 mai 1828, *Gacon et consorts*; du 8 juin 1832, *commune de Simiane contre Julien-de-Louïde*;
du 25 septembre 1834, *Humbey contre le hameau de Servins*.)

C'est donc aux tribunaux civils à statuer,

1° Lorsque le réglement du mode de jouissance d'un affouage est
subordonné à une question préalable de propriété (voir les lois des
28 août 1792 et 28 pluviose an 8; les avis du conseil d'état, des 20
juillet 1807 et 21 avril 1808 (aux Archives); l'arrêt du conseil du 15
juin 1825, *Chouet contre la commune de Montigny-les-Amognes*;
même sens, 4 février 1836, *commune de Coligny contre Amard*);

2° Lorsqu'il ne s'agit pas de régler, entre des habitans qui ont
droit à une futaie, le mode de jouissance, mais de statuer entre les
habitans et la commune, sur des droits et exceptions qui résultent
de titres anciens (voir l'arrêt du conseil du 10 août 1825, *commune
de Montmartin-Huanne contre Gérard*);

3° Lorsqu'il s'élève des contestations entre les habitans d'un village, au sujet du mode de jouissance des pâturages communs, d'a-
près d'anciens titres (voir l'arrêt du conseil, du 9 avril 1817, *Niam et
consorts contre les habitans de Le Seure*);

4° Lorsqu'il s'agit de savoir si un particulier a droit d'être compris dans la distribution de l'affouage communal, et qu'il tire ce
droit non de la qualité d'acquéreur d'un domaine national, mais de
celle d'habitant (voir loi du 11 juin 1793; l'arrêt du conseil du 20
septembre 1809, *Cholles contre la commune de Conflans*);

5° Lorsque, à l'occasion d'une question de propriété élevée entre deux
communes, il s'agit de savoir si le terrain en litige est situé dans le
ressort du tribunal où la contestation est portée, ce tribunal peut,
sans excéder sa compétence, déclarer la limite de sa juridiction;

sauf recours, s'il y a lieu, devant l'autorité judiciaire supérieure (voir l'arrêt du conseil, du 7 juin 1820, *commune d'Orgon contre les communes de Cavaillon et du Cheval-Blanc*) ;

6° Lorsqu'il y a des difficultés sur le domicile. — L'arrêt du 21 décembre 1825, *commune de Bavent*, porte « que si le maire soutient « que tel individu n'est pas domicilié dans la commune, comme « il ne s'agit pas alors d'une contestation sur le mode de jouissance « des biens communaux, mais d'une question préalable de domicile, « et de l'application de la loi du 10 juin 1793, sect. 9, art. 3, cette « question est de la compétence des tribunaux. » (Voir le décret du 9 brumaire an 13, et celui du 20 juin 1806; les avis du conseil d'état, des 20 juillet 1807, 26 avril 1808, 6 juin 1811; la loi du 22 frimaire an 8, art. 2 et 3.) — Il en serait de même pour les questions de domicile à titre d'hérédité. (Voir les arrêts du conseil du 27 août 1833, *Tournois contre la dame Vervins; du 31 janvier 1834, Bregant*.)

7° Pareillement, lorsqu'il s'agit de partages de biens indivis entre deux communes, il y a lieu de distinguer :

Si l'une des deux communes s'appuie sur des titres pour revendiquer dans le partage une portion inégale de droits, cette question préalable doit être portée devant les tribunaux civils, et les décisions ministérielles ou les ordonnances royales qui l'auraient préjugée, pourraient être, sur l'opposition de ces communes, annulées par voie contentieuse pour cause d'incompétence.

Mais s'il y a eu cojouissance indivise sans titres, l'autorité administrative a été compétente pour décider que le partage aurait lieu par feu ou chef de famille ayant domicile, conformément aux avis du conseil d'état, des 20 juillet 1807, 26 avril 1808, et à l'arrêt du 11 décembre 1808 (aux Archives), et non proportionnellement à l'étendue territoriale de chaque commune ou de toute autre manière. (Voir l'arrêt du conseil, du 28 décembre 1825, *commune de Lahayeville contre la commune de Richecourt*, et l'arrêt de la cour de cassation, du 12 septembre 1809.)

SECTION II.—*Règles du fond.*

I° — Le décret réglementaire du 20 juin 1806, et les avis du conseil d'état, des 20 juillet 1807 et 24 avril 1808, ne confèrent de participation à la jouissance des biens communaux qu'aux Français ayant feu et domicile dans la commune. (Voir l'arrêt du conseil, du 16 juillet 1810 (aux Archives).)

Le domicile communal, qu'il ne faut pas confondre avec le domicile politique, ou civil, ou fiscal, s'établit par une année de résidence. (Voir les lois du 10 juin 1793, sect. 2, art. 3; du 22 frimaire an 8, art. 2 et 6; l'arrêt du conseil, du 23 avril 1807, *commune de Schweinheim*, aux Archives, n° 21102.)

Le conseil d'état a souvent approuvé, sur la demande de conseils municipaux, le changement de mode de jouissance, en affermage. (Voir les arrêts du conseil, des 23 mai et 16 juillet 1810 (aux Archives).)

Quelquefois, on a autorisé une commune à revenir de l'affermage à l'allotissement par feux, à la charge d'une redevance équivalente au prix du bail. (Voir l'arrêt du conseil, du 22 septembre 1811, *commune du Mayès-de-Montagne*, aux Archives, n° 46845.)

Mais le conseil d'état a constamment écarté la proposition de répartir les fruits des biens communaux entre les habitans propriétaires, proportionnellement à l'étendue de leurs propriétés.

Il a ordonné que cette répartition de jouissance aurait lieu par feux ou chefs de famille domiciliés dans la commune. (Voir les arrêts du conseil, du 29 juin 1806, du 2 février 1808 (aux Archives) ; du 29 mai 1808, *commune de Chaenchy*, aux Archives, n° 25605 ; et du 21 décembre 1825, *commune de Bavent*.)

L'arrêt du conseil d'état, de 1777, entend, par feux, gens mariés ou garçons, ayant ménage ou feu particulier.

Les portions sont tirées au sort par chaque ménage.

C'est l'esprit de l'avis du conseil d'état, du 20 juillet 1807 ; c'est aussi l'esprit de la nouvelle jurisprudence. (Voir l'arrêt du conseil, du 21 décembre 1825, *commune de Bavent*.)

II° — Tel est le principe général.

Ce principe souffre quelques exceptions.

En voici deux exemples.

Un arrêt du conseil d'état, du 25 février 1779, ordonnait que les parts seraient inaliénables ; que nul habitant « n'en pourrait possé-
« der deux ; que l'aîné mâle de chaque famille, et, à défaut de mâle,
« l'aînée des femelles, serait seule admise à succéder à ces parts ;
« que, dans le cas de mariage entre deux portionnaires, ils seraient
« tenus d'opter pour l'une des deux parts à laquelle ils auraient
« droit ; enfin que, dans le cas où un chef de famille ne laisserait,
« à son décès, aucun héritier direct, la portion du bien communal
« dont il aurait joui retournerait à la communauté, pour être assi-
« gnée aux chefs de famille qui n'en possèderaient aucune, et,
« parmi eux, aux plus anciennement domiciliés dans la commune. »

Cet arrêt du conseil peut-il continuer à recevoir son exécution, malgré les lois qui ont établi l'égalité des partages ?

L'affirmative a été prononcée par arrêt du 9 fructidor an 10 (*Ch.-J. Ochain contre J.-F. Ochain*, aux Archives, n° 4298).

En 1813, à la suite de la loi du 20 mars, le ministre des finances avait proposé au conseil d'état la question de savoir si, parmi les biens communaux cédés par l'article 1er de la loi précitée, on devait comprendre les terres cultivées, non partagées par les communes, en exécution de la loi du 10 juin 1793, et dont les habitans jouissent divisément et temporairement.

Le ministre de l'intérieur, consulté sur cette question, fit observer que, dans plusieurs départemens, les biens communaux avaient été divisés en autant de portions que de chefs de famille ; que les portions restaient dans chaque famille jusqu'à l'extinction des mâles ; que les lots, qui faisaient retour à la commune, étaient donnés aux plus anciens habitans non apportionnés ;

Que le mode de jouissance variait dans d'autres départemens ;

Sur ce, le conseil d'état, considérant que « les modes de jouis-
« sance, dont il s'agit, sont très variés ; qu'il en est plusieurs, tels
« que la jouissance de mâle en mâle, à vie ou jusqu'à changement
« de domicile, qu'on ne peut confondre avec des jouissances de
« quelques années ;

« Qu'il suit de ces différences, 1° qu'on ne peut statuer sur le sort
« de tous ces détenteurs par une seule et même disposition ;

« 2° Que ces mêmes détenteurs, dont la jouissance était consacrée
« par l'usage et par l'autorité, et qui a été formellement confirmée
« par le décret impérial du 9 brumaire an 13, ont fait sur lesdits
« biens des constructions et améliorations, et qu'on ne pourrait,
« sans injustice, les priver du fruit de ces dépenses ;

« 3° Que, en outre, on ne pourrait, sans les plus grands inconvé-
« niens, retirer à un très grand nombre de familles une jouissance

« sur laquelle elles ont dû compter, et dont la privation leur ôterait
« tout moyen d'existence ;
« 4° Qu'un des moyens de concilier les intérêts de l'état et ceux
« des détente rs , serait de procurer à ces derniers la faculté de de-
« venir propriétaires incommutables, en payant un prix qui serait
« proportionné d'une part à la valeur des terres, et de l'autre aux
« jouissances ;
« Que ce moyen a déjà été adopté, dans plusieurs circonstances,
« à l'égard des détenteurs qui n'avaient qu'une jouissance précaire ;
« Que le mode proposé serait avantageux aux communes, puis-
« qu'elles auraient un équivalent ;
« Est d'avis que les détenteurs à longue jouissance doivent deve-
« nir propriétaires incommutables, en payant un prix juste et rai-
« sonnable, dont les époques sont fixées par la loi du 20 mars 1813,
« sans qu'on puisse comprendre, dans ce prix, la valeur des construc-
« tions et améliorations faites par lesdits détenteurs. » (Voir l'avis
du 6 novembre 1813 (inédit).)

Le principe exprimé dans cet avis ne tarda pas à recevoir son application.

Quelques détenteurs avaient construit des maisons sur des terrains communaux. Le conseil d'état confirma la prise de possession
que le domaine en avait faite.

« Néanmoins, ajoute l'arrêt du 3 décembre 1813, *commune de Brécy-
« sur-Tille*, aux Archives, n° 57899 , ayant égard à la position des dé-
« tenteurs de ces biens, nous autorisons chacun d'eux à se faire
« passer contrat de vente de la part dont il jouit, à la charge de
« payer le capital, au denier vingt, du revenu, qui sera fixé par une
« expertise contradictoire, laquelle ne devra pas comprendre la va-
« leur des constructions et améliorations faites sur lesdits terrains.
« Les paiemens seront faits dans les termes voulus par l'article 4 de
« la loi du 20 mars 1813.
« A défaut , par les détenteurs, de remplir les conditions ci-des-
« sus , il sera procédé à la vente desdits terrains, conformément à la
« susdite loi du 20 mars dernier. »

Un arrêt récent, du 20 février 1835, *Pagnon contre la dame Wins*,
vient de confirmer ce principe, en déclarant que les portions de marais devenues vacantes doivent être assignées au chef de famille ou
ménage le plus anciennement domicilié dans la commune. L'arrêt
du 25 février 1779 admet même les femmes à la jouissance des portions de marais vacantes, et elles ne perdent pas ce droit en se re-
mariant.

Mais les arrétistes se sont trompés, en généralisant trop cette règle
qui doit se restreindre à l'application spéciale de l'arrêt de réglement de 1779, obligatoire seulement pour l'Artois.

Nous ajouterons que toutes les communes qui faisaient partie des
trois évéchés, et la plupart des communautés du nord ont des réglemens pareils à celui du 25 février 1779, et qu'elles les ont constamment suivis. Telle est aussi la jurisprudence du comité de l'intérieur qui les maintient, mais plutôt à titre de mode de jouissance
qu'à titre de partage.

Sans doute les lois organiques de l'égalité des partages résistent à
l'application continuée de ces réglemens. Mais ces lois n'ont été faites
que dans l'intérêt des communes ; et quel est le meilleur juge de
cet intérêt, si ce n'est les communes elles-mêmes ?

Il y a toujours un fonds de sagesse et de justice dans un mode de jouissance qu'une communauté garde lorsqu'elle est libre de le changer.

III° — Les droits d'affouage qui s'exerçaient sur les forêts nationales, se sont éteints par voie de confusion entre les mains de l'état, qui ne les a pas transmis à l'acquéreur des biens de l'émigré qui en jouissait. (Voir l'arrêt du conseil, du 11 juillet 1812, *Du Coetlosquet contre l'état*; du 8 janvier 1830, *Borel de Bretizel contre le ministre des finances.*)

CHAPITRE VII. — ACQUISITIONS ET CESSIONS.

Du principe que c'est à l'autorité administrative qu'il appartient de déclarer le sens et les effets des actes qui émanent d'elle, il suit :

Que les ministres sont compétens, sauf recours au conseil d'état, pour statuer sur les difficultés relatives à l'application des décrets et ordonnances qui ont affecté ou cédé à des communes des terrains ou bâtimens de l'état, par exemple sur les contestations relatives soit à l'étendue ou aux effets des actes d'affectation ou de concession, soit à la destination et aux charges de la propriété. (Voir les arrêts du conseil, du 16 décembre 1830, *ville de Paris contre le ministre de l'intérieur*; du 3 février 1832, *ville de Châteauroux contre le ministre des finances*; du 6 mars 1835, *le département de la Dordogne contre la ville de Périgueux et le ministre des finances.*)

Un arrêt du 8 mai 1822 (*commune de Saint-Jean-d'Angely contre Massion*) avait décidé que le conseil de préfecture était compétent. Mais la jurisprudence actuelle est bien fixée dans le sens que la décision appartient au ministre dans le département duquel le décret ou l'ordonnance ont été rendus.

Mais l'autorité judiciaire est seule compétente pour statuer sur les contestations relatives aux ventes faites par des particuliers à des communes. (Voir l'arrêt du conseil, du 1er novembre 1820, *Bourgeois et Le Long contre la commune de Chauny.*)

CHAPITRE VIII. — BAUX.

I°— Du principe que plus les baux, par leur durée, engagent la fortune patrimoniale des communes, plus l'examen de ces actes exige de solennité et de maturité, il suit :

Que les baux à longues années (c'est-à-dire dont la durée excède dix-huit ans) doivent être approuvés par ordonnance royale (*loi du 18 juillet* 1837, *art.* 47) ;

Que les baux dont la durée n'excède pas dix-huit ans, doivent être approuvés par les préfets (*ibid., art.* 17 *et* 47) ;

II°— Du principe que l'administration n'a de qualité et d'intérêt que pour régler la forme, la durée et les conditions des baux communaux, et que, cela fait, tout rentre dans le droit commun, il suit :

Que les tribunaux civils sont compétens pour statuer sur toutes les contestations relatives à l'interprétation et à l'exécution des baux des biens communaux. (Voir les arrêts du conseil, du 20 novembre 1815, *veuve Richou contre Demange*; du 30 octobre 1834, *Boullet in et Mathieu contre Dumazer et Ladroit.*)— La raison en est que, quelle que soit leur forme, ces actes n'ont pas d'autre caractère et d'autre intérêt que ceux des conventions entre particuliers.

CHAPITRE IX. — DES USURPATIONS DE BIENS COMMUNAUX.

A la faveur de la loi du 10 juin 1793, sur le partage des biens communaux, de nombreuses usurpations avaient été commises. Après différentes mesures provisoires pour faire rentrer les communes dans la propriété des biens usurpés, intervint la loi du 9 ventose an 12, dont les dispositions ont été successivement complétées par le décret du 4e jour complémentaire an 13, les avis du conseil d'état, des 17 juillet 1808 et 18 juin 1809, et enfin par l'ordonnance royale du 23 juin 1819.

D'après cette ordonnance, les administrations locales doivent s'occuper de la recherche et de la reconnaissance des terrains usurpés sur les communes depuis la publication de la loi du 10 juin 1793, dont l'occupation ne résulte d'aucun acte de concession ou de partage, écrit ou verbal, qui ait dessaisi la commune de ses droits en faveur des détenteurs. Ces derniers eux-mêmes sont tenus de faire la déclaration des biens communaux dont ils jouissent sans droit, ni autorisation.

Les détenteurs qui ont satisfait à cette obligation dans les trois mois qui ont suivi la publication de l'ordonnance royale du 23 juin 1819, ont pu, sur la proposition du conseil municipal, et de l'avis du sous-préfet et du préfet, être maintenus en possession des biens par eux déclarés, en s'engageant à payer à la commune propriétaire les quatre cinquièmes de la valeur desdits biens, déduction faite de la plus-value résultant des améliorations, ou une redevance annuelle égale au vingtième du prix du fonds, ainsi évalué et réduit à dire d'experts. Ils ont droit, en outre, à la remise des fruits qui peuvent être exigés à compter du 1er vendémiaire an 13, pour les usurpations antérieures à cette époque.

Tout détenteur qui n'a pas rempli les obligations ci-dessus prescrites est poursuivi à la diligence du maire, devant le conseil de préfecture, en restitution des terrains usurpés et des fruits exigibles.

Si, par l'effet des poursuites, il demande à se rendre acquéreur, l'aliénation ne peut lui en être faite que moyennant le paiement de la valeur intégrale du fonds, sans aucune remise.

Il y a ici à faire connaître les règles de la compétence et celles du fond de la matière.

SECTION Ire. — *Règles de compétence.*

La compétence est administrative ou judiciaire.

Dans l'ordre administratif, le tribunal appelé à prononcer sur les litiges relatifs aux usurpations est le conseil de préfecture, sauf recours au conseil d'état.

§ 1er. — *Compétence des conseils de préfecture.*

Du principe que, lorsque les usurpateurs de biens communaux prétendent tirer leur droit d'un acte administratif, c'est aux conseils de préfecture à en interpréter le sens litigieux ou à en déterminer les effets, il suit que ces conseils sont compétens :

1° Pour statuer sur le fait et l'étendue de l'usurpation de biens, dont la qualité communale n'est pas contestée. (Voir l'avis du conseil d'état, du 18 juin 1809; l'ordonnance réglementaire du 23 juin 1819; les arrêts du conseil, du 15 août 1821, *Verdalle contre la commune de Bagnères-Luchon;* du 22 décembre 1824, *Burgues contre la commune d'Aurensan;* du 27 septembre 1827, *Rigobert-Goujon.*) — Il n'en serait pas de même si le détenteur prétendait que le bien lui appartient à tout autre titre qu'en vertu d'un partage administratif. — La raison en est que l'appréciation des titres anciens ou de la prescription est du ressort de l'autorité judiciaire (voir les arrêts du conseil, du 10 janvier 1827, *de Trinquelague*, *Nègre et consorts*; du 27 décembre 1827, *Rigobert-Goujon*; du 24 décembre 1828, *Rativeau contre la commune de Saint-Cydroine*; du 15 mars 1829, *Baschi et de Berthier*; du 13 mai 1829, *Rochette contre la commune de Volvic*; du 25 mars 1830, *Beau contre la commune de Lezines*; du 31 août 1830, *Cadoux contre la commune de Cizery-les-Grands-Ormes*; du 16 novembre 1835, *commune de Saint-Chapte contre Reilhe*);

Mais si le détenteur se fondait sur une adjudication nationale, le conseil de préfecture serait compétent. (Voir l'arrêt du conseil, du 17 mars 1835, *Laroche contre la commune de Pontigny*.) — La raison en est que c'est aux conseils de préfecture, d'après la loi du 28 pluviose an 8, à statuer sur le contentieux des domaines nationaux.

2° Pour statuer sur l'existence, la validité et les effets des déclarations des usurpateurs (voir l'ordonnance réglementaire, du 23 juin 1819);

3° Pour ordonner la restitution des terrains usurpés et des fruits exigibles (voir l'ordonnance réglementaire du 23 juin 1819, art. 4, et l'arrêt du conseil, du 16 novembre 1835, *commune de Saint-Chapte contre Reilhe*);

4° Pour autoriser les communes, s'il y a lieu, à soutenir, devant l'autorité judiciaire, leur revendication de propriété contre les détenteurs qui nient l'usurpation. (Voir l'ordonnance réglementaire du 23 juin 1819, art. 6.) — Mais les conseils de préfecture ne peuvent, sans excès de pouvoirs, condamner à l'amende des usurpateurs de biens communaux. (Voir l'arrêt du conseil, du 8 juin 1836, *Caron contre la commune de Fraysans*.) — La raison en est que la loi ne leur confère pas ce pouvoir.

§ 2. — *Compétence judiciaire.*

Du principe qui précède et par la raison contraire, il suit que les tribunaux civils sont compétens ,

Pour prononcer sur les questions de propriété, de servitudes et autres actions, tant possessoires que du fond, qui ne peuvent être résolues que par l'application des règles et des principes du droit civil (voir les arrêts du conseil, du 20 juin 1821, *Rougier contre Bourlaud et autres*; du 18 juillet 1821, *Vigne contre la commune de Bouillargues*; du 30 décembre 1822, *la commune de Mézières contre Conapel*; du 18 juin 1823, *Marauger et consorts contre la commune de Barges*; du 28 juillet 1824, *Gautier contre Pourquier*; du 22 décembre 1824, *Burgues contre la commune d'Aurensan*; du 31 août 1828, *Pineau contre la commune de Malay-le-Roi*; du 17 mars 1835, *habitans de Polhay contre Camusat de Thony*);

Pour prononcer sur les usurpations d'un co-partageant vis-à-vis d'un autre. (Voir l'avis du conseil d'état, du 18 juin 1809 (aux Archives).)

SECTION II. — *Règles du fond.*

L'ordonnance réglementaire du 23 juin 1819 a eu pour but de légitimer des possessions usurpées et d'assurer un recours aux communes. Elle ne concerne que les détenteurs qui occupent les biens communaux sans acte de partage écrit ou verbal. (Voir l'arrêt du conseil, du 26 novembre 1828, *Derioux et consorts contre la commune de Vicq*.)

Néanmoins, l'ordonnance s'appliquerait même à des excédans de contenance d'un partage déterminé. (Voir l'arrêt du conseil du 8 mars 1827, *Plichon et consorts contre la commune d'Essey.*)

Lorsque la déclaration des usurpateurs est spontanée et volontaire, leur soumission ne peut être refusée, tandis qu'il est libre à la commune d'écarter cette soumission, si elle n'est que la suite et l'exécution obligée de jugemens contradictoires avec l'usurpateur et passés en force de chose jugée. (Voir l'arrêt du conseil, du 13 novembre 1822, *Peyrié et autres contre la commune des Plans.*)

Dans ce dernier cas, il doit être condamné à déguerpir. Du reste, il ne doit remplir que les conditions prescrites par l'ordonnance du 23 juin 1819 et pas d'autres. (Voir l'arrêt du conseil, du 20 janvier 1830, *Leblanc contre la commune de Murvaux.*)

La commune peut rentrer dans le bien usurpé, même en présence d'une ordonnance royale qui aurait autorisé la vente. Si l'usurpateur était le maire lui-même, l'ordonnance serait valablement frappée de tierce opposition sur la voie contentieuse. (Voir l'arrêt du conseil, du 16 novembre 1835, *la commune de Saint-Chapte contre Reilhe.*) — La raison en est que le maire ayant un intérêt contraire à celui de la commune ne pouvait valablement représenter son adversaire.

Si la déclaration n'a pas été faite en temps utile, il y a lieu à restitution du bien usurpé, avec les fruits.— Si elle a été faite en temps utile et spontanément, les usurpateurs doivent jouir du bénéfice de l'ordonnance du 23 juin 1819. Sans quoi, elle leur aurait tendu un piége.

Il n'en serait pas de même si l'usurpation était postérieure à l'ordonnance réglementaire du 23 juin 1819.

Toutefois, il semblerait résulter d'un arrêt récent, en date du 8 janvier 1836 (*Caron contre la commune de Fraysans*), que l'ordonnance précitée subordonne l'aliénation au vœu et aux intérêts de la commune; que, ainsi, il la laisse entièrement facultative et qu'il ne donne aux détenteurs aucun droit de l'obtenir.

Mais ce dernier arrêt ne s'applique évidemment qu'aux soumissionnaires qui ont laissé expirer le délai utile. La commune rentre alors dans la plénitude de sa volonté individuelle, rigoureuse ou indulgente, et c'est de justice.

CHAPITRE X. — ALIÉNATION DES BIENS COMMUNAUX.

L'ancienne jurisprudence a beaucoup varié sur la forme des contrats communaux. L'approbation des intendans a quelquefois suffi pour les rendre définitifs. Mais, d'après les usages en vigueur en 1789, les communautés d'habitans ne pouvaient valablement emprunter, ni aliéner leurs immeubles, en tout ou en partie, sans l'autorisation du souverain.

Ces règles ont été consacrées par les lois des 10 août 1791 et 2 prairial an 5.' (Voir l'arrêt du conseil, du 29 avril 1811 (aux Archives).)

En l'an 13, le ministre des finances avait proposé de faire rendre une loi d'après laquelle les communes seraient autorisées à aliéner, échanger, acquérir ou s'imposer, sans les formalités d'une loi. Mais cette proposition fut d'abord écartée par un avis du conseil d'état, du 15 nivose an 13, portant que « la forme législative, prescrite et « usitée jusqu'à ce jour, offre plus de garantie de la conservation « des propriétés communales et de la nécessité de l'imposition, et « ne présentant guère plus de formalités que l'émission d'un simple « décret impérial, doit continuer à être suivie. »

Cependant les idées changèrent. L'autorisation par décret fut substituée à l'autorisation par la loi.

Les ordonnances ont depuis remplacé les décrets. Tel a été le mode usité jusqu'à la loi du 18 juillet 1837, quoiqu'il fût contraire à la loi existante. (Voir ordonnance réglementaire du 23 juin 1819, et une foule d'ordonnances d'application, insérées et non insérées au Bulletin des lois.)

Il faut bien reconnaître que si ce mode était illégal, il offrait des avantages pour la prompte expédition des affaires. Aussi la loi du 18 juillet 1837 l'a-t-elle consacré, en diminuant même l'action de l'administration centrale.

Ainsi, les préfets, en conseil de préfecture, peuvent approuver les délibérations des conseils municipaux ayant pour objet des ventes ou échanges d'immeubles, quand il s'agit d'une valeur n'excédant pas trois mille francs, pour les communes dont le revenu est au dessous de cent mille francs, et vingt mille francs pour les autres communes.

Il n'est statué par ordonnance royale, que lorsqu'il s'agit d'une valeur supérieure, ou lorsque l'aliénation est provoquée par des créanciers porteurs de titres exécutoires. Dans ce dernier cas, il n'y a pas lieu de distinguer si l'aliénation est mobilière ou immobilière et quelle est la valeur de l'objet dont l'aliénation est demandée.

Dans les différens cas où il doit être statué par ordonnance royale, cette ordonnance est rendue sur l'avis du conseil d'état et le rapport du ministre de l'intérieur.

—Il y a ici une observation importante à faire.

C'est qu'il fut un temps où les communes ont pu *légalement* vendre sans l'approbation du gouvernement. La loi du 14 décembre 1789 ne soumettait ces ventes qu'au contrôle de l'administration du département. Les lois des 3 avril et 10 août 1791 les permettaient, avec l'approbation de l'administration locale. L'article 11, section 3 de la loi du 10 juin 1793, dit positivement que la vente ou l'afferme d'un bien communal ne pourra avoir son effet qu'après avoir été autorisée par le directoire du département.

Beaucoup de ventes ont été effectuées sous l'empire de ces dispositions.

De là, la nécessité de distinguer les contrats intermédiaires de 1789 à l'an 5.

On voit que ces actes de propriété des communes font exception à la règle générale de compétence ci-dessus établie, c'est-à-dire que l'autorité administrative ne peut ni en détruire ni en changer l'effet, quoiqu'ils n'aient jamais été soumis à l'approbation supérieure, et que, si leur exécution donnait matière à difficulté, c'est aux tribunaux de l'ordre judiciaire à en connaître, parce que leur régularité relative leur imprime force de contrat.

—Les formes pour l'aliénation des biens communaux sont :

1. Un procès-verbal de l'estimation ;
2. Une enquête de commodo et incommodo ;
3. Une soumission de l'acquéreur ;
4. La délibération du conseil municipal ;
5. La production du budget de la commune ;
6. L'avis du sous-préfet et du préfet.

Il y a à considérer les règles de compétence et les règles du fond.

SECTION 1re. — *Règles de compétence.*

La compétence est administrative ou judiciaire.

§ 1er. — *Compétence judiciaire.*

Du principe que l'autorisation administrative est un acte de haute tutelle, qui confère seulement aux communes la capacité d'aliéner et que les adjudications ne sont qu'une forme de contrat volontaire, lorsqu'il s'agit de ventes ordinaires; et du principe que, lorsqu'il s'agit de ventes de biens communaux cédés à la caisse d'amortissement et aliénés pareillement aux biens nationaux, la raison fiscale, qui seule est la cause de ces sortes de ventes, ne les enlève pas à la juridiction de l'autorité judiciaire, en ce qui concerne la revendication des tiers, il suit que les tribunaux civils sont compétens pour statuer,

1° Sur les réclamations quant au droit de propriété formées par un tiers contre une commune, et ce nonobstant l'autorisation donnée par l'autorité administrative ou même par une loi à la commune d'aliéner l'immeuble dont la propriété est revendiquée. (Voir l'arrêt du conseil, du 24 mars 1809, *Brondelli contre la commune de Mureno.*) — La raison en est que l'acte d'autorisation législative ou administrative est un acte de haute tutelle, rendu dans la supposition que la commune est propriétaire et qui ne peut préjudicier aux tiers qui y sont étrangers, puisqu'il ne pourrait préjudicier à la commune elle-même;

2° Sur les réclamations de droits d'usage formées par des communes ou des particuliers, sur des forêts domaniales vendues à des tiers, en exécution de la loi du 23 septembre 1814, ou des lois antérieures (voir les arrêts du conseil , des 4 septembre 1822, *commune de Surède contre Bernadac;* et 26 mars 1823, *Faure contre la commune de Saint-Amand*);

3° Sur les questions d'interprétation ou d'exécution des actes d'adjudication, de surenchère et autres semblables (voir les arrêts du conseil, des 3 décembre 1828, *Bourla et consorts contre la ville de Paris;* 19 août 1835, *Dourthe contre Turpin*);

4° Sur les questions de propriété, d'usage et de servitude, élevées par des tiers, sur les biens cédés par les communes à la caisse d'amortissement, et vendus par le domaine, en exécution de la loi du 20 mars 1813, sauf le recours de l'acquéreur contre le vendeur, s'il y a lieu (voir les arrêts du conseil, des 17 janvier 1814, *Roturier contre Pallardi et Barbier;* 13 février 1815, *d'Herbais contre l'état;* 26 février 1817, *Boirou contre la commune de Vellard;* 25 juin 1817, *Fage contre de Baritault,* et *Joba contre la commune de Sorey;* 31 mars 1819, *Boigeol contre la commune de Mandeure;* 8 septembre 1819, *Blin contre Brion;* 1er novembre 1820, *Bourgeois et Lelong contre la ville de Chauny;* 19 février 1821, *Pujo et Navaille contre Ruiz,* et *Marimpoey contre la commune d'Igon et autres;* 30 décembre 1822, *Salze contre Maure;* 24 février 1825, *Plassat-Caillard;* 3 janvier 1828, *Bellident et Viallard contre la commune d'Ardes;* et 1er août 1834, *Mazet et consorts contre Latreille*);

A moins que ces tiers ne réclament,

Soit à titre de détenteurs et co-partageans de biens communaux (voir l'arrêt du conseil, du 23 janvier 1820, *la ville de Riom contre les habitans d'Ennezat*);

Soit à titre d'acquéreurs de biens nationaux sur enchères, ou sur soumission, ou d'engagistes (voir les arrêts du conseil, des 11 décembre 1819, *Tamisier contre la commune de Foncin*; 26 juin 1822, *Buffard et consorts contre la commune de Crotenay*; et 17 mars 1835, *Laroche contre la commune de Pontigny*);

Ou à moins qu'ils n'aient acquiescé à des arrêtés de conseils de préfecture qui déclaraient la vente libre de tous droits quelconques, en prenant à bail, postérieurement auxdits arrêtés, la jouissance de ces biens, ou de toute autre manière;

5° Les tribunaux civils sont encore compétens pour statuer,

Sur les questions élevées entre deux communes sur la propriété d'un bien litigieux;

Sur la validité des ventes de biens communaux, faites par voie administrative ou par devant notaire, lorsque le contrat administratif ou notarié est argué de nullité (voir l'avis du conseil d'état, du 22 décembre 1825).

L'autorité judiciaire doit connaître de la contestation : 1° parce que les communes ne sont que des personnes collectives, soumises, comme les individus, par leurs contrats, à la loi civile; 2° parce qu'aucune loi n'enlève aux tribunaux civils, pour l'attribuer à l'administration, le jugement de ces sortes de questions.

L'avis précité est motivé, dans l'espèce qu'il résout, sur ce que :

« 1° L'adjoint du maire n'avait point agi comme fonctionnaire de l'ordre administratif, pour diriger les enchères et prononcer lui même l'adjudication;

« 2° Sur ce qu'il avait seulement comparu, devant le notaire, comme représentant légal de la commune, pour consentir, en son nom, la vente des immeubles;

« 3° Sur ce que, de son côté, le notaire n'avait point agi pour assister seulement l'adjoint dans la rédaction d'un simple procès-verbal administratif, comme greffier ou secrétaire;

« Qu'il avait procédé, en qualité de notaire, et en vertu des pouvoirs qui résultent de cette qualité, à la rédaction d'un contrat civil, auquel sa présence et sa signature avaient donné seules son authenticité. »

Cet avis ne tranche qu'une moitié de la question. Mais il est évident que la raison de décider est la même pour les contrats administratifs que pour les contrats notariés. La forme différente de l'instrument ne change pas l'essence de l'acte. Le mandat de l'administration est consommé lorsque l'autorisation royale est accordée, et la commune, maîtresse de ses actions, redevenue simple particulier, ne peut, comme tout autre particulier, les exercer que devant les tribunaux civils. (Voir, dans ce sens, un arrêt de la cour de cassation, du 2 janvier 1817.)

6° Enfin les tribunaux civils sont compétens pour statuer sur les questions qui peuvent s'élever sur l'exécution des clauses et conditions d'un acte de vente légalement consentie à une commune par un particulier (voir l'arrêt du conseil, du 1er novembre 1820, *Bourgeois et Lelong contre la ville de Chauny*.)

§ 2. — *Compétence administrative.*

I° — C'est *aux préfets et au ministre des finances* à statuer sur les difficultés élevées entre le domaine et les communes, relativement à la prise de possession des biens cédés à la caisse d'amortissement. (Voir la loi du 20 mars 1813, art. 2, et l'avis du conseil d'état, du 7 juillet 1813; les arrêts du conseil, du 28 décembre 1825, *commune de Marsillagues et le marquis de Calvisson contre Durand-Fajon*; du 16 mai 1827, *commune de Chalette contre Adam*; du 9 janvier 1828,

Marée contre la commune de Wadelincourt; du 30 septembre 1830, Thomasse contre la commune de Rampan.)

II°.—Du principe que les ventes de biens des communes cédés à la caisse d'amortissement ont été faites dans les formes et selon les règles usitées pour la vente des biens nationaux, et que les acquéreurs se sont soumis, volontairement et en connaissance de cause, à cette juridiction exceptionnelle, il suit que *les conseils de préfecture* sont compétens,

1° Pour statuer sur les questions élevées entre le domaine, cessionnaire des communes, et l'acquéreur, sur la validité et l'étendue des ventes administratives, faites en exécution de la loi du 20 mars 1813;

Pour expliquer les actes de vente,

Interpréter les soumissions et autres opérations préparatoires,

Prononcer sur l'aliénabilité du bien, et l'indemnité de résiliation,

Et renvoyer aux tribunaux civils les questions de propriété, d'usage, de servitude, et de bornage élevées non par la commune, mais par des tiers. (Voir les arrêts du conseil, du 22 février 1821, *Lepelletier de Morfontaine contre la commune de Bacqueville;* du 30 décembre 1822, *Salze contre Maure;* du 19 février 1823, *Marimpoey contre la commune d'Igon et autres;* du 4 février 1824, *Duquesne contre le ministre de la guerre;* du 19 août 1835, *Dourthe contre Turpin;* du 3 janvier 1828, *Bellident et Viallard contre la commune d'Ardes;* du 22 octobre 1830, *Levasseur contre la commune de Lannoy-Cuillère.)*

2° Pour statuer sur les questions de droit d'usage élevées par les communes sur des biens aliénés par l'état, comme provenant d'émigrés (voir l'arrêt du conseil, du 23 pluviose an 13, *commune de Wasserbourg contre les héritiers Stoklein*, aux Archives, n° 12725). — La raison en est qu'il faut expliquer si l'acte de vente a grevé ou affranchi l'acquéreur de ces charges.

SECTION II. — *Règles du fond.*

Voici quelques règles applicables aux espèces de vente dont il vient d'être question.

Les ventes des biens communaux faites sans l'autorisation préalable du préfet sont nulles. — Les conseils de préfecture excéderaient leurs pouvoirs, soit en autorisant la vente, soit en l'interprétant, soit en l'annulant *de plano* sans renvoyer la question de revendication devant les tribunaux civils. (Voir les arrêts du conseil, du 23 avril 1817 (aux Archives); du 21 juin 1826, *de la Porterie contre l'administration des domaines, Arnal et consorts.)*

Les délibérations des conseils municipaux favorables aux demandeurs en concession d'un terrain communal ne constituent pas un droit acquis. (Voir l'avis du conseil, du 10 février 1835, *Besnard contre la commune de Brie-comte-Robert.)*

Les refus du préfet et du ministre d'approuver une vente ou un échange ne constituent pas des actes contentieux. (Voir les arrêts du conseil, du 6 juillet 1826, *Claisse contre la ville de Sédan et Poupart de Neuflize;* du 19 juillet 1826, *Rodde.)*

L'homologation royale d'une transaction passée entre une commune et un particulier n'empêche pas les tribunaux civils de prononcer sur la validité de cette transaction, indépendamment de cette homologation. (Voir l'arrêt du conseil, du 26 octobre 1825, *commune de Navilly contre Damolte.)*

Les tiers n'ont pas qualité pour attaquer, si ce n'est en vertu d'un droit privatif, les ordonnances royales qui autorisent la vente d'un bien communal. (Voir les arrêts du conseil ; du 20 juin 1821, *Rougier contre Bourlaud et autres*; du 5 juillet 1826, *Claisse contre la ville de Sédan et Poupart de Neuflize*; du 5 août 1829, *Mignot contre la commune d'Annonay.*)

Les lois des 20 mars 1813 et 28 septembre 1814 ne mettent point les communes et l'acquéreur à l'abri des revendications des tiers, après la consommation de la vente (voir les arrêts du conseil ; du 25 juin 1817, *Fage contre de Baritault*, et *Joba contre la commune de Sorey*; du 21 juin 1826, *de la Porterie contre l'administration des domaines, Arnal et consorts*.)

Encore moins si la vente n'a eu lieu qu'en vertu d'une loi spéciale ou d'une autorisation du gouvernement, quelle qu'en soit, au surplus, la forme, administrative ou notariée.

C'est ce que l'exemple suivant va mettre en lumière.

Adjudication d'un terrain par le conseil municipal d'une commune. Revendication d'un tiers. L'acquéreur appelle la commune en garantie. Celle-ci forme tierce-opposition au jugement. Le préfet élève le conflit. Renvoi au conseil d'état, qui a décidé que « si les « réclamations de propriété de domaines nationaux, adjugés avec « toutes les solennités requises, ne peuvent opérer l'éviction d'un « acquéreur de bonne foi, cette règle ne doit pas s'étendre aux « adjudications, faites par une commune, de terrains qu'elle croit « lui appartenir, adjudications qui ne sont qu'une forme de contrat « volontaire; que l'on doit suivre, à cet égard, le droit commun, « suivant lequel la réclamation de propriété peut toujours être « faite, pourvu que ce soit en temps utile, et qu'il n'y ait pas de « loi qui s'y oppose; que les questions de propriété de domaines, « si ce n'est celles relatives aux biens vendus sur les émigrés, n'ont « été, par aucune loi, soumises à l'autorité administrative, et que, à « cet égard, le recours aux tribunaux a été, dans tous les temps, con- « sidéré comme une garantie du droit de propriété, qu'il est impor- « tant de maintenir. » (Voir l'arrêté du 23 prairial an 13 (*inédit*).)

Toutefois, il ne faudrait pas conclure de cet arrêté que, si un bien de commune eût été vendu comme national, soit qu'il provînt de ceux qui ont été appréhendés par l'état, en vertu de la loi du 24 août 1793, soit par erreur, dans les formes et en vertu des lois sur l'aliénation des domaines nationaux, et avant la charte, la revendication soit de la commune, soit des tiers, fût admissible, car la garantie constitutionnelle est absolue dans son application.

Voici maintenant des règles et des moyens d'interprétation.

— Du principe que les ventes de biens des communes cédés à la caisse d'amortissement sont assimilées aux ventes de domaines nationaux, si ce n'est en ce qui concerne les droits des tiers, il suit qu'il y a lieu d'employer à peu près les mêmes règles et moyens d'interprétation.

1° Ainsi, c'est d'abord une règle constante que le conseil de préfecture doit puiser uniquement ses moyens d'interprétation, soit dans les affiches préparatoires de la vente, soit dans le cahier des charges, soit dans les procès-verbaux d'arpentage, soit dans le procès-verbal de prise de possession, que la régie a dressé des biens cédés par les communes. (Voir les arrêts du conseil, du 8 mai 1822, *Laura contre la commune de Courensan*; du 14 janvier 1824, *Rousset contre la commune de Treffort*; du 18 février 1824, *Cayla contre Guidon.*)

Lorsque l'administration des domaines n'a pris possession et n'a fait l'estimation que de tant de pièces de terre, que ces pièces ont seules été mises en vente, soit particulièrement, soit en bloc, l'acquéreur n'a droit qu'à la propriété de ces pièces, et non de la totalité de la prairie où elles sont situées. (Voir l'arrêt du conseil, du 3 décembre 1823, *la commune d'Ebersheim contre Humann.*)

Si, sur l'opposition de la commune, le préfet a déclaré, avant la vente, que le bien litigieux était légalement cédé à la caisse d'amortissement, cet arrêté, suivi de la vente et de la mise en possession, constitue un acte inattaquable. (Voir l'arrêt du conseil, du 27 juillet 1825, *Spinga contre la commune de Hoste.*)

2° C'est une seconde règle également sûre que les communes sont sans qualité pour arguer de nullité, sous quelque prétexte que ce puisse être, les ventes de leurs biens légalement cédés à la caisse d'amortissement, et, par conséquent, pour soutenir, ou qu'il y a excédant de contenance, ou qu'il y a vilité de prix, ou qu'il y a eu défaut d'enchère ou tout autre vice de formes, ou qu'il est dû un supplément de prix. (Voir l'arrêt du conseil, du 8 mai 1822, *Pauffer et Maguet contre la commune de Pierrecourt*; du 28 décembre 1825, *commune de Marsillargues et le marquis de Calvisson contre Durand-Fajon*; du 16 mai 1827, *commune de Chalette contre Adam.*) — C'est dans ce sens que l'arrêt précité du 28 décembre 1825 (*commune de Marsillargues*) porte que, « la vente ayant été faite, non pour le compte d'une « commune, mais dans l'intérêt de la caisse d'amortissement, la « commune est sans qualité pour attaquer cette vente pour vice de « forme. » — On peut en donner deux raisons : — L'une, que la cession transporte la propriété des biens au domaine, qui, dès lors, a seul qualité pour agir; — L'autre, que ce n'est pas sur le prix de la vente que la rente représentative est évaluée, mais sur le revenu des biens appréhendés par la caisse d'amortissement.

Mais les communes ont qualité pour réclamer, devant le conseil de préfecture, soit des biens dont la loi du 20 mars 1813 prohibait l'aliénation, soit des biens cessibles et aliénables, mais qui n'auraient pas été matériellement vendus, soit enfin l'exercice de certains droits ou servitudes réservés, à leur profit, dans l'acte de vente. (Voir les arrêts du conseil, du 29 août 1821, *Aaron Caen contre la commune d'Imonville*; du 8 mai 1822, *Fagedet contre la commune de Maurens*; du 25 octobre 1820, *Vieille contre la commune d'Arguel*; du 31 juillet 1833, *Dorr contre la commune de Flevy.*)

3° C'est une troisième règle établie par une nombreuse jurisprudence que, si la vente ne contient aucune exception, soit pour les secondes herbes, soit pour les arbres, soit pour le droit de parcours, soit pour des droits d'usage, le conseil de préfecture doit déclarer que ladite vente est pleine et sans réserve. (Voir l'arrêt du conseil, du 21 août 1816, *Debost contre la ville de Louhans*; du 24 décembre 1818, *Gautherot contre la commune de Nahtuard*; du 24 mars 1819, *Jeannin contre la ville de Pontarlier*; du 31 mars 1819, *Boigeol contre la commune de Mandeure*; du 23 février 1820, *Lamy contre la commune de Chêne-Bernard*; du 8 mai 1822, *Fonfrède contre la commune d'Anderny*; du 26 juin 1822, *Galmiche et consorts contre la ville de Vesoul*; du 20 novembre 1822, *la commune de Sauvigney contre Blanchot et consorts.*)

Quelques arrêts ont ordonné la réserve, sur la réclamation de la commune, avant la vente. Tel est celui du 29 août 1818 (*commune de Montescot*, aux Archives, n° 56454), qui porte : « L'adjudication du pré sera faite sous la réserve qu'il demeurera assujéti à la dépaissance commune, conformément à la clause insérée dans le bail. (Voir l'arrêt du conseil, du 14 août 1818 (aux Archives); du 19 juillet 1826, *Marcotte contre la ville de Doullens*.)

Mais, à défaut de cette prescription, il n'importe que le bail contînt la réserve en faveur de la commune. En effet, on vendait, non tout ce que la commune louait, mais tout ce qu'elle *possédait* : or, elle possédait *sans réserve*. La circonstance que le bien vendu était loué n'est ici qu'*énonciative*, et non *taxative*. D'ailleurs, on ne pouvait *vendre* que ce qui était *loué* par les communes. (Voir l'arrêt du conseil, du 3 septembre 1823, *Cénac et consorts contre la commune de Lourdes*.)

Mais si l'acte de vente n'adjuge uniquement et spécialement que les premiers fruits, il y a lieu de déclarer que les seconds fruits n'ont pas été aliénés. (Voir l'arrêt du conseil, du 20 novembre 1822, *commune de Sauvigney contre Blanchot et autres*.)—Les adjudicataires de biens communaux cédés à la caisse d'amortissement et vendus par l'état ont droit aux fruits et fermages, à compter du jour où les biens leur ont été vendus. (Voir les lois du 3 floréal an 3; du 6 floréal an 4; l'arrêté du gouvernement, du 2 fructidor an 10; l'arrêt du conseil, du 11 février 1824, *Hamot contre les communes de Triel et de Cormeilles*.)

Il y aurait lieu d'annuler la vente, si le préfet a déclaré, sur l'opposition de la commune, les biens inaliénables, et s'ils n'étaient point, d'ailleurs, par leur nature, susceptibles d'être cédés à la caisse d'amortissement. (Voir l'arrêt du conseil, du 23 octobre 1816, *Blanchard contre Barthélemy*.)

4° C'est une quatrième règle que, quoiqu'il n'y ait pas eu d'estimation d'une portion du bien aliéné, si cependant ledit bien a été affiché, mis en vente et adjugé en entier, ce défaut d'estimation ne rend pas la vente nulle. (Voir l'arrêt du conseil, du 27 juillet 1825, *Spinga contre la commune de Hoste*.) — La raison en est que l'estimation est une opération étrangère à l'adjudicataire. Elle n'a pour but que de s'assurer, dans le seul intérêt de l'état, du prix réel de l'objet exposé en vente.

5° C'est une cinquième règle que, si les actes qui ont préparé et consommé la vente sont insuffisans pour résoudre la difficulté proposée, il faut recourir aux moyens du droit commun, et renvoyer, à cet effet, les parties devant les tribunaux civils, après la déclaration textuelle de ce qui a été vendu. (Voir les arrêts du conseil, du 14 janvier 1824, *Rousset contre la commune de Treffort*; du 18 juin 1823, *Carlier contre les héritiers Ulrich*; du 19 décembre 1827, *Gérard*; du 6 mars 1828, *Roydor contre la commune de Morbier*; du 22 août 1834, *commune de Lançon contre Roux*.)

De même les juges doivent surseoir jusqu'à la déclaration administrative, s'ils sont saisis d'abord par la commune d'une question de non-vente de l'objet en litige. (Voir l'arrêt du conseil, du 19 décembre 1827, *commune de Lançon contre Roux*.)

6° C'est une sixième règle que, si l'adjudication se réfère spécialement à un bail antérieur pour la désignation des objets mis en vente, le conseil de préfecture, et en appel, le conseil d'état, peuvent consulter le bail sans excéder leur compétence ;

Que, s'il n'y a eu relation de la vente au bail que pour la mise à prix et que les confins soient exactement assignés, on doit déclarer que tout ce qui est compris dans les confins a été vendu, sauf à renvoyer les parties devant les tribunaux civils, pour y faire procéder, s'il y a lieu, au bornage, d'après les limites du procès-verbal d'adjudication textuellement rappelées (voir les arrêts du conseil, du 18 juillet 1821, *Lauvernier contre de Bailleul et l'état;* du 19 août 1821, *Morin contre la commune d'Ablon;* du 8 mai 1822; *Béard contre la commune de Cressin-Rochefort;* du 26 mars 1823, *les héritiers Bécker contre les héritiers Renaud de Varsberg et consorts*);

Que si l'acte d'adjudication se réfère généralement à un bail antérieur, sans autre désignation de limites et contenance, il y a lieu de déclarer que tout ce qui a été compris dans ce bail est vendu, et que l'on doit renvoyer les questions de bornage, s'il y en a, d'après ce bail, devant les tribunaux ordinaires. (Voir l'arrêt du conseil, du 29 août 1821, *Aaron-Caen contre la commune d'Imonville.*)

7°) C'est une septième règle que les biens sont vendus sans garantie de mesure, consistance et valeur, d'où il suit que le domaine et l'acquéreur ne peuvent respectivement se demander, ni supplément ni diminution de prix, pour défaut ou pour excédant de contenance, exagération ou dépréciation de revenu, et qu'il ne peut y avoir lieu à résiliation de la vente, que s'il se rencontre, à la fois, erreur dans les limites et dans la contenance. (Voir les arrêts du conseil, du 10 septembre 1817 (aux Archives); du 20 janvier 1819, *le ministre des finances contre Laplatte.*)

Si la vente se réfère à l'estimation ou à un bail, et que ni l'estimation ni le bail n'exceptent l'objet en litige, la commune est inadmissible dans sa revendication. (Voir les arrêts du conseil, du 21 juillet 1824, *Billebault-Desroziers contre la commune d'Ervy;* du 31 octobre 1833, *commune de Dourges contre Ruccart.*)

Lorsqu'il a été vendu un corps certain et dénommé, une pâture, par exemple, et non une quantité de terre, fixe et déterminée, à prendre dans ladite pâture, l'excédant de contenance, fût-il du double de la mesure annoncée, n'est pas à considérer. (Voir l'arrêt du conseil, du 15 juin 1825, *Lorin et consorts contre la commune de Vaux-les-Mourons.*)

CHAPITRE XI. — DES ACTIONS INTÉRESSANT LES COMMUNES ET LES SECTIONS DE COMMUNE.

Ce chapitre se divise naturellement en deux parties, savoir :
1° Des actions qui intéressent les communes,
2° Et des actions intéressant les sections de commune.

SECTION 1re. — *Des actions intéressant les communes.*

Il y a des actions intentées par les communes et des actions dirigées contre elles.

§ 1er. — *Des actions des communes.*

Les actions des communes ne peuvent, en général, s'exercer que sous l'autorisation préalable de la puissance publique, après délibération des conseils municipaux. Les conseils de préfecture et le conseil d'état, pour statuer sur les demandes en autorisation, suivent certaines règles qui leur sont tracées par les lois et ordonnances ou par la jurisprudence. Enfin, les autorisations de plaider ont, quant aux communes et quant aux tiers, des effets différens.

N° 1er. — De la nécessité de l'autorisation administrative.

I° — Du principe que les communes sont en état perpétuel de minorité, et qu'il est sage de ne pas les laisser s'engager sans autorisation, par irréflexion ou par passion, dans des procès mauvais et ruineux, il suit :

1° Que les communes ou sections de commune ne peuvent exercer aucune action réelle ou personnelle, ou mobilière, devant les tribunaux judiciaires, en demandant ou en défendant, soit contre d'autres communes ou sections de commune, soit contre des particuliers, soit contre l'état, sans l'autorisation préalable du conseil de préfecture, sauf, en cas de refus, le recours au conseil d'état. (Voir l'édit d'août 1683, qui rendait l'autorisation de l'intendant nécessaire; la déclaration du 2 octobre 1703; l'édit d'août 1764, art. 43, 44 et 45, qui rend les délibérans personnellement responsables des dépens, en cas de non-autorisation; l'arrêt du conseil, du 8 août 1783; la loi du 14 décembre 1789, art. 54; les arrêtés réglementaires des 29 vendémiaire et 24 brumaire an 5, art. 1, 2 et 3; la constitution de l'an 8, art. 75; la loi du 28 pluviose an 8, art. 4 et 15; le Code de procédure civile, art. 1032; les arrêts du conseil, des 10 mars 1807, *Pierrard contre les communes de la prévôté de Donchery;* du 2 juillet 1807, *commune de Glos et autres;* et du 25 décembre 1812 (aux Archives).)

Les préfets ne peuvent, sans excès de pouvoirs, refuser de transmettre au conseil de préfecture les demandes en autorisation. (Voir l'arrêt du conseil, du 23 décembre 1835, *commune de Grand-Villiers contre Bertin.*)

2° Que le maire a besoin d'une nouvelle autorisation pour se désister d'une action intentée par lui au nom d'une commune. (Voir l'arrêt de la cour de cassation, du 28 janvier 1835.) — La raison en est que le désistement, s'il était spontané et ignoré, pourrait léser les intérêts de cette commune.

3° Que, après tout jugement intervenu, la commune ne peut se pourvoir devant un autre degré de juridiction. (Voir la loi du 18 juillet 1837, article 49.) Cette disposition fait cesser l'incertitude qui régnait auparavant sur la question de savoir si les communes devaient, sur l'appel, se pourvoir d'une nouvelle autorisation.

Mais l'interjection de l'appel n'est qu'un acte conservatoire et d'urgence, que les maires peuvent faire avant l'autorisation, que celle-ci couvre et valide, et qui n'a pour but et pour effet que d'interrompre les délais. (Voir les arrêts de la cour de cassation, des 28 brumaire an 14, section civile; et 7 décembre 1810, section des requêtes; la loi du 18 juillet 1837, art. 55.)

II° — Du principe que la loi n'exige le préalable de l'autorisation que pour les actions judiciaires, il suit :

Que les communes n'ont besoin de l'autorisation préalable, ni des conseils de préfecture, ni de toute autre autorité pour se pourvoir au conseil de préfecture, dans les contestations qui sont de son ressort, ou au conseil d'état, soit contre des arrêtés de conseil de préfecture, soit contre des décisions ministérielles, soit contre des ordonnances royales qui leur porteraient préjudice. (Voir l'édit d'avril 1764, art. 44; les arrêts de la cour de cassation des 1er floréal an 9; 4 fructidor an 11 et 12 septembre 1809; les arrêts du conseil, du 16 février 1826, *commune d'Ervy contre Truchy;* du 16 janvier 1828, *section de Nointel, commune d'Étrechy, contre l'état;* et du 1er novembre 1826, *commune d'Istres.*) — Le motif pour le décider ainsi c'est que l'obligation d'obtenir une autorisation avant de plaider est une exception, que les exceptions ne peuvent être étendues, et que la loi du 28 pluviose an 8 ne parle que des procès judiciaires.

D'un autre côté, les communes n'ont pas besoin d'autorisation,

Pour se pourvoir devant la cour de cassation, contre les jugemens et arrêts, parce que l'édit de 1764 leur permettait ce recours extraordinaire (voir l'arrêt du conseil du 1er novembre 1826, *commune d'Istres*);

Ni pour défendre en matière criminelle ou correctionnelle. (Voir l'arrêt du conseil, du 22 février 1821, *Laroque contre la commune de Hèches et autres*.) Il y a raison de nécessité.

Ni pour défendre sur les suites d'un jugement en dernier ressort. (Voir les arrêts de la cour de cassation, des 3 août 1830 et 17 novembre 1834.) Raison de dépendance.

Ni pour faire des actes conservatoires. (Voir l'arrêt de la cour de cassation, du 7 décembre 1819.) Raison de salut.

Ni pour former des demandes incidentes. (Voir l'arrêt de la cour de cassation, du 12 janvier 1821.) Raison de conséquence.

Ni pour opposer en justice la nullité de procédures accomplies sans autorisation préalable. Raison de minorité.

Nº II. — Délibération des conseils municipaux.

Du principe que les conseils municipaux délibérant régulièrement sont les organes légaux des intérêts privés de la commune, il suit :

1º Que si le conseil municipal délibère qu'il n'y a pas lieu de plaider, le maire ne peut, au refus du conseil municipal, requérir l'autorisation du conseil de préfecture. (Voir les arrêts du conseil, du 5 août 1829, *Uthurbide et Hiriart*; du 9 juin 1830, *commune de Beaufort contre Le Boucq et consorts*; du 9 mars 1832, *Ducoudray contre les héritiers Lemaire*.) — Cette question peut se présenter assez souvent lorsqu'il s'agit, par exemple, d'interjeter appel d'un jugement de première instance. Du reste, la jurisprudence du conseil d'état paraît parfaitement fondée. Le maire ne peut engager une commune dans un procès, contre la volonté de son représentant naturel, le conseil municipal. Cela est surtout vrai, depuis que les conseils municipaux sont électifs, et qu'ils offrent ainsi de nouvelles garanties de leur indépendance et de leurs lumières : nulle autre volonté ne peut les suppléer.

2º Qu'une délibération irrégulière ne suffit pas. (Voir l'arrêt du conseil du 9 mars 1832, *Ducoudray contre les héritiers Lemaire*.)

3º Qu'une délibération prise par la généralité des habitans ne peut suppléer celle du conseil municipal. (Voir l'arrêt de la cour de cassation du 24 pluviose an 5.)

Nº III. — Autorisation par le conseil de préfecture.

1º — Du principe que les autorisations de plaider ne sont que des actes de haute tutelle administrative, il suit :

1º Que les conseils de préfecture doivent se borner à autoriser les communes, sans s'ériger en juges du procès. (Voir les arrêts du conseil, du 1er avril 1808, *habitans de Montigny*; du 24 janvier 1811, *commune de Couché contre les héritiers Guérineau*; du 21 mars 1821, *commune d'Ars*.)

Toutefois, cette règle ne doit pas être entendue dans un sens trop absolu. Ainsi,

Les conseils de préfecture ne peuvent juger les conséquences du procès, qu'en prenant connaissance de son objet, et en vérifiant eux-mêmes le fond de l'affaire, lorsqu'il peut leur être exposé. (Voir l'arrêt du conseil, du 2 juillet 1807, *commune de Glos et autres*.)

D'où la conséquence que, si le conseil de préfecture a admis la partie adverse à fournir ses moyens contre la commune, on ne doit pas, pour cela, annuler son arrêté ; car le conseil de préfecture ne peut pas, à la vérité, s'établir, entre les parties, juge de la question de propriété : mais il ne lui est pas défendu de consulter, pour s'éclairer, les titres de l'adversaire, et d'énoncer dans ses considérans les motifs qui le déterminent à rejeter, par son dispositif, la demande en autorisation de plaider. (Voir l'arrêt du conseil, du 2 juillet 1807, *commune de Glos et autres*; — conférez avec un arrêt du 24 décembre 1810, *habitans de La Ferrière*, l'arrêt du 18 août 1823, *commune de Saint-Baudel contre de Courcenay*.)

Pareillement, lorsque l'autorité administrative supérieure a définitivement statué sur des droits et propriétés, à l'égard desquels une commune demande l'autorisation de plaider, le conseil de préfecture peut refuser, sur ce fondement, ladite autorisation de plaider, mais non pour d'autres droits analogues, non encore litigieux. (Voir l'arrêt du conseil, du 3 décembre 1823, *commune de Fidelaire contre les héritiers de Bouillon*.)

On peut ajouter que, n'y eût-il qu'un simple arrêté de préfet, ou de conseil de préfecture, ou de ministre, qui eût statué, même incompétemment, le refus d'autorisation devrait être prononcé : car les tribunaux devant lesquels se présenterait la commune seraient liés par l'existence de l'acte administratif. Il faut, dans ce cas, que le conseil de préfecture renvoie la commune à attaquer préalablement ledit acte, s'il y a lieu, devant l'autorité administrative supérieure, dans l'ordre de la hiérarchie.

Les conseils de préfecture ne doivent pas perdre de vue qu'ils réunissent quelquefois deux qualités, celle de tuteurs et celle de juges.

Ainsi, de ce qu'un conseil de préfecture a autorisé une commune à plaider, il ne s'ensuit pas que, s'il s'agit d'une vente de biens nationaux, et que les tribunaux renvoient les parties devant l'autorité administrative, pour y obtenir une déclaration préalable sur les objets vendus, le conseil de préfecture, alors ressaisi, doive se déclarer incompétent. Car s'il a épuisé ses pouvoirs de tuteur, il n'a pas épuisé ses pouvoirs de juge. (Voir l'arrêt du conseil, du 11 février 1824, *ville de Richelieu contre Chrétien*.)

De même, lorsqu'à l'occasion d'un débat sur une vente nationale, un conseil de préfecture refuse à une commune l'autorisation de plaider, le conseil d'état peut retenir la cause et examiner le fond, s'il s'agit réellement d'interpréter l'acte de vente. (Voir l'arrêt du conseil, du 1er avril 1809, *commune de Thorens contre Chapuis*, aux Archives, n° 29950.)

Cependant il est plus régulier, d'une part, que le conseil de préfecture subordonne sa décision, sur la demande en autorisation de plaider, à la déclaration de ce qui a été vendu administrativement; d'autre part, que le conseil d'état, soit que le conseil de préfecture n'ait pas encore statué sur ce point, ou n'ait statué que par défaut, renvoie les parties, au lieu de les retenir, devant le même conseil de préfecture, pour être par lui fait contradictoirement, la déclaration de ce qui a été vendu par les actes administratifs. (Voir l'arrêt du conseil, du 21 juin 1826, *Gazzino contre la fabrique de la cathédrale de Marseille*.)

Les actions reprennent ainsi leur ordre naturel, et les deux degrés sont parcourus.

2° Qu'il y a lieu d'autoriser les communes à interjeter appel des jugemens interlocutoires, lorsque l'interlocutoire préjuge le fond. (Voir l'arrêt du conseil du 4 juin 1809 (aux Archives).)

3° Que, lorsque la commune est en possession du fonds en litige, qu'elle est défenderesse, et qu'elle a été autorisée à plaider sur un chef de la contestation, il n'y a pas lieu de restreindre cette autorisation sur les autres chefs. (Voir l'arrêt du conseil, du 28 juin 1819, *commune de Latour.*)

4° Que les conseils de préfecture sont libres de revenir sur leur refus d'autorisation, lorsqu'ils se trouvent plus éclairés par la production de nouveaux titres et documens, à moins que, sur les poursuites de la partie adverse et sur la représentation de l'arrêté de refus, il ne soit intervenu des jugemens irrévocables. (Voir les arrêts du conseil, du 6 septembre 1820, *commune de Blénod-le-Pont-Mousson ;* du 15 février 1833, *commune de Saint-Pierre-en-Val contre les héritiers de Bongars.*)

Mais les autorisations données ne peuvent être révoquées. (Voir les arrêts du conseil, du 12 février 1823, *ville de Poitiers contre Mathé;* et du 23 juillet 1823, *commune de Primelle.*)

Si le conseil de préfecture accorde l'autorisation, le débat s'ouvre contradictoirement devant les tribunaux. S'il la refuse, l'affaire, après l'expiration des délais du pourvoi au conseil d'état, réglés par l'article 50 de la loi du 18 juillet 1837, est jugée par défaut, et obtient, à la suite des significations et délais prescrits par la loi, l'autorité de la chose jugée. (Voir l'arrêt du conseil du 19 juillet 1826, *commune de Marconville*, et l'art. 54 de la loi du 18 juillet 1837.)

5° C'est aussi parce que les arrêtés d'autorisation ne sont que des actes de tutelle, pris dans le seul intérêt des communes, qu'elles doivent pouvoir les attaquer devant le conseil d'état, par voie de simples mémoires, signés du maire, sans le ministère d'avocats aux conseils. En effet, le conseil d'état ne se détermine pas ordinairement par les moyens exposés dans la requête de la commune, mais par la consultation, favorable ou contraire, des jurisconsultes que le garde des sceaux désigne. La loi nouvelle a donc introduit une amélioration en statuant, art. 50, que « la commune « section de commune, ou le contribuable auquel l'autorisation « aurait été refusée, pourra se pourvoir devant le roi, en conseil « d'état. Le pourvoi sera formé et jugé en la *forme administrative.* « Il devra, à peine de déchéance, avoir lieu, dans le délai de trois « mois, à partir de la notification de l'arrêté du conseil de pré-« fecture. »

Cette dernière disposition est sage. Elle a pour but de hâter la conclusion de l'affaire.

Nous en dirons autant de l'obligation par le conseil d'état de prononcer, dans le délai de deux mois, sur la demande de la commune. Le pourvoi, pendant ce délai, suspend l'instance.

II° — Du principe que les décisions d'un corps ne sont valables qu'autant qu'elles ont été rendues par la majorité de ce corps, dans les délais prescrits par la loi et qu'elles sont motivées, il suit :

1° Que les communes ne peuvent recevoir une autorisation valable d'un seul conseiller de préfecture. (Voir l'arrêt du conseil, du 10 mars 1807, *Pierrard contre les communes de la prevôté de Donchery.*)

« Mais l'annulation d'une semblable autorisation ne porte aucune « atteinte aux moyens de droit que les communes peuvent faire ré-« sulter du consentement, de l'acquiescement, de l'exécution et « des fins de non procéder de leur adversaire, à l'égard du jugement « démuni de cette autorisation, questions qui, par leur nature, sont « dévolues aux tribunaux. »(Voir l'arrêt du 22 janvier 1808, *commune de Pernes*, aux Archives, n° 24270.)

2° Que c'est une obligation du conseil de préfecture de prononcer, dans un délai bref et fixe, sur la demande des communes en autorisation de plaider. La loi du 18 juillet 1837, art. 53, porte le délai à deux mois.

3° Que c'est un devoir pour eux de motiver leur arrêté lorsqu'ils refusent l'autorisation. D'abord, parce que refuser l'action, c'est implicitement juger et condamner la commune ; ensuite, il faut bien que le conseil d'état qui peut être saisi ultérieurement du pourvoi de la commune, sache, ainsi qu'elle, les motifs du refus, afin que l'une puisse les attaquer et l'autre les apprécier. (Voir la loi du 18 juillet 1837, art. 53.)

N° IV. — Autorisation par le conseil d'état.

I° — Du principe que le conseil d'état n'est saisi des demandes en autorisation de plaider qu'après qu'il a été statué définitivement par le conseil de préfecture, il suit :

1° Que l'autorisation ne doit être accordée directement, s'il y a lieu, par le conseil d'état, que sur le recours de la commune contre un arrêté de conseil de préfecture qui aurait refusé ladite autorisation ;

Ou si le conseil de préfecture s'est déclaré incompétent et s'en est référé à l'autorité souveraine (voir l'arrêt du conseil , du 14 juillet 1819, *Guy contre la commune d'Agde*);

2° Que les communes ne peuvent attaquer les arrêtés préparatoires des conseils de préfecture qui ajournent l'autorisation de plaider, jusqu'à ce qu'elles aient produit leurs titres et fait valoir leurs moyens à l'appui (voir l'arrêt du conseil, du 11 février 1820, *hospice de Douai*).

II° — Du principe que le conseil d'état ne doit prononcer que lorsque l'affaire est en état et qu'il est parfaitement éclairé, il suit :

Que le conseil d'état n'accorde aux communes l'autorisation de plaider en première instance ou sur appel, en cause principale ou par intervention sur le refus des conseils de préfecture, qu'après avoir renvoyé la demande à la consultation de trois jurisconsultes désignés par le ministre de la justice. (Voir les arrêts du conseil, du 18 décembre 1810 (aux Archives); du 11 janvier 1813, *habitans de Luzy contre Guyot d'Anfreville*; du 25 février 1818, *ville de Sainte-Marie contre Casamayor de Jases*; du 3 février 1819, *ville de Faucogney contre Rainguel*; du 27 octobre 1810, *commune du Pont-de-Gennes*; du 23 janvier 1820, *commune de Gaudreville contre le comte de Clermont-Tonnerre*; du 10 janvier 1821, *commune de Saint-Georges*; du 20 novembre 1822, *commune de Puy-Loubier*; du 26 mars 1823, *ville de Metz*; du 3 décembre 1823, *commune de Fidelaire contre les héritiers de Bouillon*; du 28 juillet 1824, *habitans du Theil*, *commune de Saint-Yrieix-la-Montagne*; du 20 octobre 1825, *commune de Bernay contre Le Fèvre de Cerisy*; du 28 décembre 1825, *commune de Mauvières.*)

Dans l'origine, le conseil d'état refusait l'autorisation « lorsqu'il « ne lui apparaissait pas de titres suffisans pour engager une com- « mune dans un procès dont le résultat n'offrait aucune probabilité « en sa faveur. »(Voir l'arrêt du 7 février 1809 (aux Archives).)

Plus tard, il accordait quelquefois l'autorisation, d'après l'avis de trois jurisconsultes, choisis par les communes elles-mêmes. (Voir l'arrêt du 11 avril 1810, et quatre autres arrêts sous la date du 11 juin même année (aux Archives).)

Depuis, on a exigé la consultation de trois jurisconsultes, désignés par le ministre de la justice parmi les plus anciens et les plus estimés, et désintéressés dans le procès.

—Si l'avis des jurisconsultes est contraire aux prétentions de la commune, le conseil d'état refuse d'ordinaire l'autorisation de plaider. (Voir les arrêts du conseil, du 13 juin 1817 (aux Archives); du 6 juin 1830, *commune de Turny et autres.*)

—Si les jurisconsultes sont divisés d'opinion, dans le doute, il faut autoriser.

L'autorisation ne doit être refusée à une commune que sur la manifeste injustice ou la complète nullité de ses moyens. (Voir les arrêts du conseil, du 13 juin 1821, *ville de Metz contre la commune de Saint-Julien-les-Metz; du 23 janvier 1828, commune du Petit-Quevilly; du 3 décembre 1828, commune d'Auneuil; du 10 juin 1829, commune de Gonneville; du 6 janvier 1830, commune de Sode contre de Berruyer.*)

—Le conseil d'état n'accorde ou ne refuse l'autorisation qu'après l'examen et la comparaison de l'arrêté du conseil de préfecture et de la consultation de trois jurisconsultes. S'il y a quelques chances de succès, le conseil d'état accorde toujours l'autorisation.

Nous ne savons pas non plus qu'il y ait d'exemple de refus fait à une commune défenderesse.

La raison en est que la défense est de droit naturel, et que la possession immémoriale ou trentenaire est le meilleur et souvent le seul titre qu'une commune puisse faire valoir, à moins que cette possession ne soit elle-même que le fait illégitime d'une usurpation violente, récente et manifeste. (Voir l'arrêt du conseil, du 16 février 1826, *commune de Saint-Août.*)

— L'autorisation est refusée,

Si la commune n'a ni titre ni possession pour revendiquer un bien (voir l'arrêt de la cour de cassation, du 3 août 1823);

Ni droit pour attaquer une transaction (voir l'arrêt du conseil, du 29 mars 1831, *commune de Roybon contre de Clermont-Tonnerre*);

Si le conseil municipal a repoussé unanimement la demande (voir l'arrêt du conseil, du 9 juin 1830, *Le Boucq et autres habitans de la commune de Beaufort*);

Si le débiteur que la commune veut poursuivre est notoirement insolvable (voir l'arrêt du conseil, du 9 septembre 1818, *la commune d'Asé contre Gomeret*);

Si l'affaire est du ressort de l'administration (voir l'arrêt du conseil, du 6 juin 1830, *commune d'Urzy contre Gouard*);

Si la commune demande l'annulation d'une vente consentie à un adjoint (voir l'arrêt du conseil, du 30 juillet 1831, *commune d'Ivry contre Houdé*);

Si l'appel est mal fondé ou périmé (voir les arrêts du conseil, du 10 juillet 1826, *commune de Marconville; du 11 janvier 1829, commune d'Orconte; du 24 juin 1829, commune de Loisy-sur-Marne.*)

—Si l'autorisation est subordonnée soit à l'interprétation, soit à la réforme préalable d'un acte administratif, il y a lieu de surseoir jusqu'à ce que l'interprétation ait été donnée ou l'acte réformé par l'autorité compétente. (Voir les arrêts du conseil, du 21 juin 1826, *Gazzino contre la fabrique cathédrale de Marseille; du 15 avril 1828, commune de Villaines contre Bruneau; du 10 février 1830, commune de Chissay contre Duplessis et dame Naudet.*)

— Il faut ajouter que depuis l'ordonnance réglementaire du 12 mars 1831, les demandes en autorisation de plaider ne peuvent recevoir de décision par la voie contentieuse. (Voir l'arrêt du conseil, du 18 février 1836, *commune de Portmort contre de Grasville.*)

— Du reste, le conseil d'état ne motive pas les ordonnances d'autorisation, de peur que l'autorité de son opinion ne pèse trop dans la balance des tribunaux. Il vise simplement la consultation des jurisconsultes, *lesquels estiment qu'il y a lieu d'autoriser la commune de... à plaider.* Cette formule ne préjuge en rien le fond du droit. Pendant quelque temps, à partir de 1826, on mentionnait quelquefois, outre la consultation, les argumens les plus graves que la commune tirait, soit de sa possession, soit de ses titres, et qui paraissaient de nature à subir l'épreuve d'une discussion judiciaire. Mais on a laissé ce mode pour revenir à l'ancien, qui, selon nous, est préférable.

N° V. — Des effets de l'autorisation quant aux tiers et quant aux communes.

I° — Du principe, déjà rappelé, que les actes d'autorisation ne sont que des actes de tutelle, intervenue dans le seul intérêt des communes, il suit :

1° Que les parties adverses sont sans qualité pour attaquer devant les conseils de préfecture, par voie d'opposition, ou devant le conseil d'état, par voie de tierce opposition, les arrêtés et ordonnances qui accordent l'autorisation. (Voir les arrêts du conseil, du 23 décembre 1815, *Vanier ;* du 11 février 1820, *Souhait contre la commune de Dugny ;* du 22 juin 1825, *Bernard et consorts contre les habitans de Margnot.*)

Quoique les adversaires des communes n'aient pas, en thèse générale, qualité pour attaquer des arrêtés d'autorisation, toutefois, si un conseil de préfecture autorise une commune à poursuivre un acquéreur de ses biens par acte administratif, celui ci peut attaquer l'arrêté, comme ayant mal jugé, soit que l'autorisation n'ait été que la conséquence d'un arrêté d'interprétation, soit qu'il n'y ait eu qu'un simple arrêté d'autorisation : car il y a toujours, même dans ce dernier cas, jugement implicite de l'acte de vente. (Voir les arrêts du conseil des 1er avril 1809 et 14 décembre 1810 (aux Archives).)

Par la même raison, un particulier a intérêt et qualité pour signifier et défendre devant le conseil d'état un arrêté qui refuse à une commune l'autorisation de plaider dans une contestation élevée avec lui et terminée par un arrêté précédent, qui a acquis l'autorité de la chose jugée. (Voir l'arrêt du conseil, du 26 mars 1823, *commune de Lecey contre Lecuillier.*)

Mais, si une ordonnance royale, rendue sur le rapport du ministre de l'intérieur, a autorisé une commune à plaider, la partie adverse n'a pas qualité pour faire valoir, ni devant les tribunaux, ni devant le conseil d'état, l'exception tirée du défaut préalable d'autorisation par le conseil de préfecture. (Voir l'arrêt de la cour de cassation, section civile du 24 juillet 1822.)

2° Qu'il en est de même des conseillers municipaux. (Voir l'arrêt du conseil, du 31 juillet 1833, *Dorr contre la commune de Flevy ;* du 4 juillet 1834, *commune de Serviers-Labaume contre Lafont ;* du 3 février 1835, *Mignot et Ribeyrolles contre les habitans de Cervières ;* du 16 novembre 1835, *Boirot de Larnes contre la commune de Vic ;* du 22 juin 1836, *Desprez de Quincy et le marquis de Tanlay contre la commune de Commissey,* et autres espèces.)

3° Qu'il y a même défaut de qualité de la part d'habitans isolés (voir l'arrêt du conseil, du 19 février 1823, *Faucher et consorts contre de Trémiolles ;* du 9 juin 1830, *Le Boucq et autres habitans de la commune de Beaufort*);

4° Pareillement de la part du ministre de l'intérieur. (Voir l'arrêt du conseil, du 8 septembre 1819, *commune de Conès contre Mey-ville*, qui résout la question implicitement.)

Les maires et adjoints ont seuls qualité. (Voir les arrêts du conseil, du 19 février 1823, *Faucher et autres contre de Trémiolles;* du 6 septembre 1826. *Terral;* du 9 juin 1830, *Le Boucq et autres habitans de la commune de Beaufort.*)

II° —Du principe qu'il ne faut pas étendre les actes au-delà de ce qu'ils embrassent et disposent, il suit :

Que, lorsque le conseil d'état ne prononce que sur l'exception d'incompétence, le renvoi devant les tribunaux civils n'est que conditionnel; qu'il ne dispense pas la commune de se faire autoriser par le conseil de préfecture, et qu'il n'implique pas non plus l'obligation de plaider.—C'est dans ce sens qu'un arrêt de la cour de cassation, section des requêtes, du 20 octobre 1814, porte que, lorsqu'un décret « n'a rien statué sur la question d'autorisation, mais a sim-« plement renvoyé les parties devant les tribunaux, il en résulte « qu'elles ont été laissées dans l'intégrité de leurs exceptions et « moyens respectifs; que, en conséquence, la commune restait dans la « nécessité d'une autorisation préalable pour suivre l'instance. »

Cependant un autre arrêt, du 22 mai 1822, a établi que le « renvoi devant les tribunaux implique une autorisation valable « et suffisante. »

Quant au conseil d'état, il a clairement expliqué le sens de ces sortes de renvois, dans un arrêt du 12 février 1823 (*ville de Poitiers contre Mathé*), et il a presque toujours imposé aux communes l'obligation de prendre l'autorisation dans les formes ordinaires. C'est ce qui résulte des arrêts des 4 juin et 12 décembre 1811 (aux Archives); des 23 janvier, 14 et 22 février, 10 mai et 11 septembre 1813 (aux Archives); du 12 février 1823, *ville de Poitiers contre Mathé;* du 23 juillet 1823, *commune de Primelles;* du 5 novembre 1823, *commune de Plaimbois;* du 16 juin 1824, *commune de Brumath;* du 31 mars 1825, *commune de Bagnères-de-Luchon.*

Quelquefois seulement, mais après une mûre appréciation des éventualités du litige, le conseil d'état, à l'occasion d'un arrêté de conseil de préfecture, annulé pour cause d'incompétence, a autorisé à ester en justice une commune (voir les arrêts du conseil, du 31 mars 1825, *commune de Bagnères-de-Luchon;* du 2 août 1826, *ville de Salins*); même une commune défaillante (voir l'arrêt du conseil, du 25 mars 1830, *Beau contre la commune de Lezines.*)

Il en serait de même si une commune, déjà autorisée, avait plaidé dans une instance où l'existence d'un acte administratif suspendait la marche des tribunaux, et que le conseil d'état ait sursis à statuer sur le sens ou l'exécution de cet acte jusqu'au jugement définitif des tribunaux. (Voir l'arrêt du conseil, du 26 octobre 1825, *commune de Navilly contre Damotte.*)

Enfin, si le conseil d'état renvoie une commune devant les tribunaux par d'autres motifs que ceux exprimés dans un arrêté de conseil de préfecture, qui aurait en même temps autorisé cette commune à plaider, il laisse subsister et confirme l'arrêté seulement au chef de ladite autorisation. (Voir l'arrêt du conseil, du 10 juillet 1826, *Marcotte contre la ville de Doullens.*)

III°—Du principe que les communes sont assimilées à des mineurs, qu'il ne s'agit pas ici d'une nullité absolue et d'ordre public et que les garanties qui ont été introduites en faveur des communes ne doivent pas tourner contre elles, il suit :

Que le défaut d'autorisation peut être opposé par les communes en tout état de cause, et qu'il vicie tous les actes de la procédure d'une nullité radicale.

Naguère, l'exception était absolue; elle pouvait être opposée par toutes parties. (Voir l'arrêt de la cour de cassation, du 19 thermidor an 6.)

Dans cette première jurisprudence, le vice des jugemens rendus sans autorisation n'était pas réparable par les autorisations subséquentes. (Voir l'arrêt de la cour de cassation, du 12 frimaire an 14.)

La nécessité de l'autorisation était nettement établie par un arrêt de la cour de cassation, section civile, du 24 avril 1800, qui porte que « la nullité résultante du défaut d'autorisation est d'ordre « public et absolue; que, par conséquent, elle ne peut se couvrir « par le silence des parties devant les premiers juges; que ce vice « radical affecte tous les actes de la procédure. » (Voir la loi du 9 vendémiaire an 5, art. 1, 2 et 3; les arrêts de la cour de cassation, des 11 germinal an 7, 29 frimaire an 12 et 10 nivose an 13.)

Cette nullité atteignait même les jugemens volontairement acquiescés et les transactions à la suite, et qui en sont indivisibles, « attendu que tout ce qui a été dit et fait par une commune, avant « qu'elle ait été autorisée à plaider, est nul, et n'a pu la lier en « aucune manière. » (Voir l'arrêt de la cour de cassation, section civile, des 27 messidor an 13, 11 janvier 1809 et 13 juin 1810.)

Toutefois, MM. Merlin et Henrion pensaient que, si le jugement a été rendu en faveur de la commune, le pourvoi en cassation, fondé sur le défaut d'autorisation, ne devait être ouvert qu'autant que ce moyen aurait été proposé en première instance ou en appel. (Voir Code civil, art. 1125.)

Nous pouvons même ajouter qu'un arrêt de la cour de cassation, section criminelle, du 27 messidor an 8, avait statué dans ce sens.

Mais la jurisprudence constante de la section civile était contraire à ce système. (Voir les arrêts des 28 brumaire an 6; 4 frimaire et 19 messidor an 7; 3 ventose an 8; 3 brumaire et 15 prairial an 12; 5 nivose, 4 floréal, 17 et 18 thermidor an 13; 22 janvier, 5 février, 17 et 19 mars, 2 et 9 avril, 19 août, 29 octobre, 8 et 9 décembre 1806; 20 juillet, 5 octobre 1807; 2 mai et 9 novembre 1808; 18 décembre 1809; 16 mai 1810; 3 juin 1812; 2 août 1813; 2 juin 1817; 9 mars 1818; 20 février 1820 et 28 janvier 1824.)

Enfin, cette règle absolue avait été reproduite, après un long délibéré dans un arrêt de la section civile, du 25 juillet 1825, portant : « La cour, vu les articles 54 et 56 de la loi du 14 décem- « bre 1789, et les articles 4 et 15 de la loi du 28 pluviose an 8; attendu « qu'il est constant, en fait, que la commune d'Erp, qui s'est « pourvue en cassation contre l'arrêt qui a prononcé sa condam- « nation, n'a été autorisée à plaider, ni en première instance, ni en « appel; que la nécessité de l'autorisation est substantielle; que, « par conséquent, le défaut d'autorisation emporte la nullité de « l'arrêt...; casse. »

Depuis l'on a distingué :

La nullité, d'absolue qu'elle était dans la jurisprudence de la cour de cassation, est devenue relative. — Les communes peuvent proposer la nullité en tout état de cause; mais leurs adversaires ne peuvent la leur opposer, pas plus qu'à un mineur, à un interdit, à une femme mariée. (Voir Code civil, art. 1125; les arrêts de la cour de cassation, des 2 février et 25 avril 1833; le Code de procédure, art. 173; l'arrêt de la cour de Bordeaux, du 23 juillet 1830; les arrêts de la cour de cassation, des 25 juillet 1825, 6 mai et 25 avril 1827.)

Si la commune a gagné, on peut supposer que l'autorisation lui aurait été donnée; si elle a perdu, on peut supposer que l'autorisation lui aurait été refusée.

Les garanties établies en faveur d'une partie ne peuvent tourner contre elle. Le défaut d'autorisation ne se présume pas, il se prouve.

Il ne peut donner lieu au conflit et ne constitue qu'un moyen à faire valoir devant l'autorité judiciaire. (Voir les arrêts du conseil, *commune de Dugny contre Verniquet* (aux Archives); du 29 décembre 1810, *commune de Soudan;* et par analogie les arrêts du 29 mai 1806, *Fea contre les hospices de Carmagnole*, aux Archives, n° 17359; du 23 avril 1807, *Effinger contre les hospices de Bordeaux*, aux Archives, n° 20097; du 19 octobre 1808, *Hinderiscksen contre l'hôpital de Dunkerque;* du 7 février 1809, *fabrique de Lens-l'Étang contre Frandon;* du 17 mai 1809, *bureau de bienfaisance de Herzécle;* du 16 janvier 1822, *fabrique de Pin-les-Magny contre Potiquet;* voir surtout, comme tranchant désormais la question, l'ordonnance réglementaire du 1er juin 1828, article 2.)

De même, l'invalidité de l'arrêté d'autorisation ne constituerait qu'un moyen à faire valoir devant l'autorité judiciaire. (Voir les arrêts de la cour de cassation, du 29 juillet 1823 et du 16 avril 1834.)

L'autorisation de demander la délivrance d'un legs implique celle de plaider sur les effets de cette délivrance. (Voir l'arrêt de la cour de cassation, du 21 novembre 1819.)

L'autorisation accordée, même après plaidoirie, valide les actes de procédure ultérieurs. L'autorisation doit être spéciale. (Voir l'arrêt de la cour de cassation, du 21 août 1829.)

§ 2. — *Actions contre les communes.*

1°—Du principe qu'il est dans l'intérêt des communes, aussi bien que des particuliers, d'empêcher une commune de soutenir un procès injuste et onéreux, en l'avertissant de payer sans plaider, il suit;

Que les particuliers ne peuvent intenter d'action contre les communes, sans adresser préalablement au préfet un mémoire, exposant les motifs de leur réclamation. (Voir l'édit de 1683; l'arrêté du gouvernement du 17 vendémiaire an 10; les avis du conseil d'état, des 3 juillet 1806, du 12 août 1807, du 26 mai 1813; la circulaire du ministre de l'intérieur du 12 juillet 1806; les arrêts du conseil, du 4 juin 1816, *Jousselin contre la ville de Blois;* du 10 août 1825, *Dorchies contre la commune de Saint-André;* du 26 juin 1835, *Forbin d'Oppède contre la commune de Cavaillon;* du 22 juillet 1835, *Collomp et consorts contre la ville de Draguignan;* l'arrêt de la cour de cassation du 16 messidor an 10; la loi du 18 juillet 1837, art. 51 et 52.)

Avant la loi nouvelle, toutes les actions n'étaient pas soumises à cette formalité. Les créanciers, pour restitution de fruits, indemnités et autres remboursemens à raison des droits immobiliers pouvaient citer directement les communes devant les tribunaux. La raison de cette différence était, disait-on, que les créances mobilières se résolvent facilement en paiement d'argent et par voie de liquidation administrative, tandis que les voies d'exécution qui font aboutir les actions immobilières sont purement judiciaires. La loi nouvelle ne différencie pas les actions mobilières des actions réelles; et, selon nous, elle a raison, car il y a lieu de concilier, si cela est possible, toutes sortes de procès.

Précédemment, le mémoire des adversaires des communes devait être adressé aux conseils de préfecture.

La loi du 18 juillet 1837 ouvre deux voies parallèles.

1° Quiconque veut intenter une action contre une commune ou section de commune, est tenu d'adresser préalablement au préfet, un mémoire exposant les motifs de sa réclamation. Il lui en doit être donné récépissé.

La présentation des mémoires interrompt la prescription et toutes les déchéances.

Le mémoire est transmis au maire, qui doit convoquer immédiatement le conseil municipal pour en délibérer.

2° La délibération du conseil municipal doit être, dans tous les cas, transmise au conseil de préfecture, qui décide si la commune doit être autorisée à ester en jugement.

La décision du conseil de préfecture doit être rendue dans le délai de deux mois, à partir de la date du récépissé énoncé précédemment. (*Loi précitée, art.* 51, 52 *et* 53.)

Cette double action a pour but d'amener la commune à transiger ou à payer, en substituant l'intermédiaire du préfet à celui du conseil de préfecture, qui, dans la réalité, ne peut qu'accorder ou refuser l'autorisation de plaider, si la commune n'accède pas à la demande en conciliation.

Nous le répétons : cette obligation imposée aux créanciers par la législation et la jurisprudence *actuelle*, est à la fois dans l'intérêt des créanciers et de la commune : des créanciers, parce qu'elle brise les injustes résistances d'une commune opiniâtre, leur permet d'obtenir leur paiement sans les lenteurs et les frais d'un procès; des communes, parce qu'il vaut mieux pour elles payer que de plaider lorsqu'elles doivent, et parce que des procès mal soutenus embarrassent leur gestion, troublent leur repos et détruisent leur crédit.

II°—Du principe que la même condition n'est pas applicable aux poursuites d'ordre public et de police, il suit qu'il n'est pas besoin de permission :

1° Ni pour poursuivre une commune en vertu de la loi spéciale du 10 vendémiaire an 4, comme responsable de délits commis sur son territoire, à force ouverte.

C'est ce qu'un arrêt de la section civile de la cour de cassation exprime dans ces termes : « L'édit de 1683, et l'arrêté du gouvernement du 17 vendémiaire an 10, qui défendent, dans les contesta- « tions purement civiles, aux créanciers des communes de se pour- « voir devant les tribunaux, sans avoir demandé la permission à « l'autorité administrative, sont sans application spéciale aux pour- « suites prescrites par la loi du 10 vendémiaire an 4, sur la respon- « sabilité des communes. »

Même décision le 28 janvier 1826, sections réunies, et par le motif que :

« En accordant une action civile contre les communes pour la « réparation des dommages résultans des désastres commis sur leur « territoire, la loi du 10 vendémiaire an 4 a soumis l'exercice de « cette action à des formes spéciales et d'exception, qui ne peuvent « se concilier avec la nécessité d'obtenir l'autorisation prescrite par « l'édit de 1683 et l'arrêté du 17 vendémiaire an 10. »

2° Ni pour intenter contre une commune une action correctionnelle, à raison d'enlèvement de bois dans une forêt particulière dont elle est usagère. (Voir l'arrêt du conseil du 22 février 1821, *Larocque contré les communes de Hèche et autres*.)

§ 3. — *Par qui sont exercées les actions des communes.*

En principe, les actions qui intéressent uniquement les communes, doivent être intentées par les administrateurs chargés de veiller à leurs intérêts, c'est-à-dire par les maires, et à leur défaut par les adjoints. (Voir l'arrêt du conseil du 4 mars 1829, *commune de Bouaye*; et l'arrêt de la cour de cassation du 17 juin 1834.)

Avant la loi du 18 juillet 1837, ce principe était admis avec une telle rigueur que le droit de suivre les actions au nom de la commune était refusé,

Non seulement à des habitans (voir entre autres arrêts du conseil, ceux du 19 février 1823, *Faucher contre de Trémiolles;* et du 6 septembre 1826, *Terral et consorts*);

Mais même au ministre de l'intérieur, chargé de la haute direction de l'administration communale du royaume. (Voir notamment les arrêts du conseil du 8 septembre 1819, *commune de Gonès contre Meyville;* du 19 décembre 1821, *commune de Molay contre Brunet et Canel;* et du 22 novembre 1829, *ville de Paris contre Dubail*.) Peut-être y aurait-il lieu de distinguer. Devant l'autorité judiciaire, le ministre ne serait pas admis à défendre la commune; mais devant le conseil d'état, si le maire est l'adversaire de la commune, et s'il s'agit d'un excès de pouvoir du conseil de préfecture, pourquoi ne pas admettre le ministre à soutenir les intérêts de la commune sans dépens et sans frais? Il ne faut pas être trop procédurier en matière administrative. Telle paraît être, du reste, l'opinion du conseil d'état. (Voir l'arrêt du conseil du 7 août 1835, *ministre de l'intérieur contre Grozelier*.)

La loi nouvelle (*article* 49) donne à tout contribuable inscrit au rôle de la commune, le droit d'exercer, à ses frais et risques, avec l'autorisation du conseil de préfecture, les actions qu'il croirait appartenir à la commune ou section et que la commune ou section, préalablement appelée à en délibérer, aurait refusé ou négligé d'exercer. La commune ou section doit être mise en cause et la décision qui interviendra aura effet à son égard. Ce droit est exorbitant, il détruit les hiérarchies du pouvoir, violente le conseil municipal et fausse le principe électif.

Mais une commune est sans qualité pour se pourvoir, au nom et dans l'intérêt de quelques habitans seulement. (Voir l'arrêt du conseil du 21 avril 1836, *commune de Clux.*) Un maire ne peut donc se pourvoir devant le conseil d'état, au nom de sa commune, contre un arrêté de conseil de préfecture, non rendu avec elle, et qui aurait rejeté la demande de plusieurs habitans, agissant collectivement et dans leur nom privé. (Voir l'arrêt du conseil du 5 novembre 1823, *le maire de la commune de Longueville contre Chavassieux.*) De même si, dans la contestation engagée devant le conseil de préfecture, le maire avait figuré comme simple habitant et non comme représentant la commune. (Voir l'arrêt du conseil du 13 mai 1822, *Fourton contre Delaboureys*.)

Dans ces différens cas, le maire est condamné aux dépens. (Voir les arrêts du conseil précités, et l'arrêt de la cour de cassation du 21 novembre 1810.)

SECTION II.—*Actions des sections de commune.*

I°.—Les sections de commune sont des agrégations d'habitans qui réclament la propriété ou la jouissance de biens ou de droits collectifs quant à eux, et distincts quant au reste de la commune.

La loi du 29 vendémiaire an 5 et l'arrêté réglementaire du 24 germinal an 11 avaient posé des règles pour l'exercice des actions entre les sections de commune. La loi nouvelle a simplifié, complété et amélioré ces règles.

—Aujourd'hui, lorsqu'une section est dans le cas d'intenter ou de soutenir une action judiciaire contre la commune elle-même, il doit être formé, pour cette commune, une commission syndicale de trois ou cinq membres que le préfet choisit parmi les électeurs municipaux, et, à leur défaut, parmi les citoyens les plus imposés.

Les membres du corps municipal qui seraient intéressés à la jouissance des biens ou droits revendiqués par la section ne doivent pas participer aux délibérations du conseil municipal relatives au litige.

Ils sont remplacés, dans toutes ces délibérations, par un nombre égal d'électeurs municipaux de la commune, que le préfet choisit parmi les habitans ou propriétaires étrangers à la section. (*Loi du 18 juillet* 1837, art. 56.)

Il n'y a pas lieu à syndicat pour les contestations élevées,

Soit entre une section de commune et des particuliers (voir l'arrêt du conseil du 17 mai 1833, *section du Berval, commune de Bonneuil, contre Cagniard Damainville*) ;

Soit entre une section de commune et une autre commune ou section d'autre commune. (Voir l'arrêt du conseil du 17 mai 1815 (aux Archives).)

Mais aucune action en justice ne peut être introduite par des sections de commune sans l'autorisation du conseil de préfecture. (*Loi du 18 juillet* 1837, art. 49.)

L'action est suivie par celui de ses membres que la commission désigne. (*Ibid.*, art. 57.)

Le conseil de préfecture n'est pas compétent pour faire cette désignation. (Voir l'arrêt du conseil du 19 juin 1829, *Ravion contre la commune de Vallenay.*)

II°.— Les actes en vertu desquels les sections de commune ont été syndiquées et autorisées à plaider, sont des actes de tutelle administrative que leurs adversaires ne peuvent attaquer devant le conseil d'état par la voie contentieuse. (Voir l'arrêt du conseil du 23 mai 1830, *Salles contre les sections de Croton, de Lacanet et de Petit-Martin-Bosq, commune de Curcy.*)

III°.—Les préfets sont compétens, sauf recours au ministre de l'intérieur, pour régler provisoirement, sans préjudice de l'action judiciaire, entre deux sections, la portion de pâturage dont chacun doit jouir sur le fonds contesté. (Voir l'arrêt du conseil du 14 janvier 1824, *commune de Balmelles.*)

IV°.—Le ministre de l'intérieur est compétent pour intervenir au conseil d'état, au nom et dans l'intérêt d'une section de commune, sur le refus du conseil municipal de ladite commune d'agir dans cet intérêt. (Voir l'arrêt du conseil du 24 mars 1819, *section d'Arboux, commune de Mondragon contre les héritiers d'Albert.*)

V°— Les tribunaux civils sont compétens pour statuer, d'après les titres, les conventions privées, la prescription et les autres moyens du droit commun, sur toutes les questions de propriété. (Voir les arrêts du conseil du 18 juillet 1821, *la commune de Poyanne et la* section du Courneau de la commune de Saint-Geours contre Dubroca et consorts; du 19 juillet 1833, *Hyot contre la commune de Mazerat*; du 1er août 1834, *Mazet et consorts contre Latreille*; du 17 mars 1835, *habitans du hameau de Pollay contre Camuzat de Thony*.)

VI°—La section qui a obtenu une condamnation contre la commune ou contre une autre section n'est point passible des charges ou contributions imposées pour l'acquittement des frais et dommages-intérêts qui résulteraient du fait du procès. Il en est ainsi, du reste, à l'égard de toute partie qui aurait plaidé contre une commune ou une section de commune. (Voir la loi du 18 juillet 1837, art. 58.) Cet article tranche, ainsi une question qui a été très controversée, et sur laquelle la jurisprudence du conseil d'état avait varié plusieurs fois.

CHAPITRE XII.—DETTES DES COMMUNES.

Il y a à considérer ici :

1° Dans quels cas les communes sont débitrices;

2° Quelles autorités doivent prononcer sur les dettes contestées des communes;

3° Quels sont les moyens de libération et le mode de paiement.

SECTION Ire.—*Dans quels cas les communes sont débitrices.*

Une commune est engagée valablement, lorsqu'il a été contracté en son nom par personne ayant mandat et qualité à cet effet :

I°—Dès lors les créanciers ne peuvent actionner que la commune,

1° Lorsque le maire, ou adjoint, ou officier municipal, régulièrement autorisé à ce, contracte en sa qualité, au nom, pour le compte et dans l'intérêt de ladite commune. (Voir les arrêtés du 6 prairial an 10, *de Brabandère contre les bourgmestres des communes de Peroyse et de Sainte-Catherine Capelle*, aux Archives, n° 3681; du 28 fructidor an 10, *Abraham Carcassonne contre Pierre André et André Cysserie*, aux Archives, n° 4445; du 26 pluviose an 11, *Lattache Neuvillette contre les officiers municipaux et les membres des conseils généraux des communes de Gurgy-Bruxerolle et Chambain*, aux Archives, n° 5636; du 14 ventose an 11, *les frères Keiser contre Dubois Ferrand et Châtel*, aux Archives, n° 5737; les arrêts du conseil du 12 novembre 1806, *Gaudin contre le maire de Boschordet*, aux Archives, n° 18921; du 10 mars 1807, *Bernard Ducan contre Pierre Ducan*, aux Archives, n° 20226; du 16 février 1811, du 21 mai 1817 (aux Archives); du 4 août 1819, *héritiers Martel contre Audrand et Richaud*.)

C'est ainsi que les actes par lesquels un maire, dans un cas d'inondation, ou d'incendie, ou de sécheresse subite, ordonne d'ouvrir un canal d'écoulement sur un terrain particulier, ou d'abattre des haies, palissades, bâtimens ou clôtures, ou d'exécuter tels autres travaux urgens commandés par la nécessité et l'intérêt général, ne le rendent point passible d'une action personnelle devant les tribunaux. (Voir l'arrêt du conseil du 23 avril 1818, *Prinsac contre le maire de la commune de Sainte-Marie-en-Chaux*.)

2° Lorsque le maire, ou adjoint, ou officier municipal a fait, en sa qualité, au nom et pour le compte de la commune, des fournitures par voie de réquisition. (Voir l'arrêt du conseil du 11 décembre 1816, *Perrin contre Huot.*)

II°—A l'inverse, le créancier n'est pas tenu de poursuivre la commune,

1° Si le maire, adjoint ou officier municipal, ou plusieurs habitans, ont contracté en leur propre et privé nom, sans autorisation du conseil municipal, ou avec renonciation à bénéfice de discussion, ou avec expression de solidarité et de garantie (1), sauf recours contre la commune. (Voir les arrêts du conseil du 7 prairial an 12, *les héritiers Coupé contre le maire de Flévy*, aux Archives, n° 10176; du 5 floréal an 13, *Rollet contre Mercier, Sabatier et autres*, aux Archives, n° 13313; du 4 prairial an 13, *Hesse contre Adam*, aux Archives, n° 13600; du 22 brumaire an 14, *Simonin et consorts contre Charlier, Collard et autres*, aux Archives, n° 15183; les arrêts du conseil du 8 mars 1808, du 1er avril 1810 (aux Archives), du 28 décembre 1811, *commune de Gamache*, aux Archives, n° 47030; du 18 mars 1816, *Durand contre Mathelon et Duffaur*; du 11 décembre 1816, *Perrin contre Huot*; du 8 janvier 1817, *Goetchy et Butignot contre Coder et Nublet.*)

C'est ainsi qu'une commune ne peut être actionnée à l'effet d'un marché signé par des habitans qui n'avaient pas qualité ou mandat pour contracter en son nom, bien que le marché ait tourné au profit de ladite commune (2). (Voir les arrêts du conseil du 10 mars 1807, *Bernard Ducan contre Pierre Ducan*, aux Archives, n° 20226; du 19 août 1808 (aux Archives); du 18 mars 1816, *Durand contre Mathelon et Duffaur*; du 26 août 1818, *Fumery et Sauvage contre Considère et Munier*; du 8 août 1821, *Klen contre Boeschelin et autres*; et du 28 juillet 1824, *Marché contre Loth.*)

De même, lorsqu'un engagement se présente comme personnel à un maire, il en est tenu, quoiqu'il ait pu le contracter pour l'utilité de la commune. (Voir les arrêts du conseil du 2 février 1809 (aux Archives); du 3 juin 1818, *Tribard contre Petit.*)

De même, si un maire est poursuivi, non en sa qualité d'administrateur et à raison de ses fonctions, mais comme l'un des habitans solidairement condamnés, pour délit, au paiement d'une amende. (Voir l'arrêt du conseil du 28 décembre 1811, *commune de Gamache*, aux Archives, n° 47030.)

De même, s'il s'agit du paiement d'un billet, et que l'obligation personnelle de payer résulte, pour le maire, adjoint ou conseiller municipal, de la nature même de l'acte, des signatures individuelles et de la solidarité qui y est exprimée. Il n'y a pas lieu d'avoir égard à la cause du billet et à la qualité prise dans l'acte. (Voir l'arrêt du conseil du 8 janvier 1817, *Goetchy et Butignot contre Coder et Nublet.*)

2° Lorsque le maire, adjoint ou officier municipal ont disposé, à leur profit particulier, du prix des fournitures faites à la commune

---

(1) Le motif qui permet de poursuivre judiciairement les cautions de communes, c'est que les prêteurs, ayant exigé l'obligation personnelle et privée des cautions, ne peuvent être frustrés de ce bénéfice. Et ce qui est décidé à l'égard des cautions doit, à plus forte raison, l'être à l'égard des débiteurs solidaires dont la solidarité est clairement et expressément établie par acte, attendu que la solidarité est un engagement encore plus étendu que celui de la caution, et que le créancier a le droit incontestable de s'adresser à celui de ses débiteurs solidaires qu'il préfère. (Voir l'arrêt du conseil, du 10 mars 1807 (aux Archives).)

(2) Un décret du 6 janvier 1807 (aux Archives) a décidé, il est vrai, qu'un simple particulier qui a agi pour une commune, sans être désavoué, ne peut être personnellement poursuivi; fausse décision, selon nous, car la ratification postérieure de la commune ne saurait lier les tiers, ni changer leur condition, ni rétroagir sur le pacte, encore bien qu'elle enchaîne la commune envers son mandataire.

(voir les arrêts du conseil du 16 frimaire an 14, et du 21 mai 1817 (aux Archives)) ;

3° Lorsque la destination de la somme empruntée pour les besoins de la commune n'est qu'éventuellement indiquée dans l'acte (voir l'arrêt du conseil du 16 mars 1807 (aux Archives) ; sauf le recours en garantie contre la commune, s'il y a lieu ;

4° Lorsque l'acte présente tous les caractères d'un engagement personnel et ne se rattache par aucune de ses énonciations à une opération administrative. Par exemple, s'il s'agit d'un billet souscrit par une personne au profit d'une autre personne, avec l'addition de sa qualité de maire, et que celui-ci en ait passé l'ordre en son nom personnel, sans énonciation de qualité (voir les arrêts du conseil du 8 janvier 1817, *Wilhelm contre Papirer*; du 30 juillet 1817, *Perret contre Berthod*);

5° Lorsqu'il s'agit de l'exécution d'une convention particulière passée entre une collection d'habitans, non qualifiée de commune, et un particulier, pour arpentage de leurs propriétés et autres travaux (voir l'arrêt du conseil du 11 février 1818, *Lefebvre Millet contre Montjean et autres*);

6° Si la reconnaissance de la dette par la commune n'est que postérieure à l'obligation personnelle du maire. (Voir l'arrêt du conseil du 23 mai 1810 (aux Archives).)—La raison en est que cette reconnaissance ne saurait avoir pour effet de substituer, sans l'intervention des tiers intéressés, un autre débiteur à ceux qui ont contracté une obligation personnelle. (Voir l'arrêt du conseil du 3 juin 1818, *Tribard contre Petit.*)

III°—Il est des dettes à raison desquelles aucune action ne peut être intentée contre les communes, bien qu'elles aient été contractées par elles : ce sont les dettes qui sont antérieures au 10 août 1793, parce que la loi du 24 août de cette même année déclare nationales toutes les dettes des communes précédemment contractées (1). Il n'y a pas, à cet égard, de distinction à faire entre les dettes qui étaient exigibles et celles qui ne l'étaient pas, quels que fussent d'ailleurs leur destination, leur nature et leurs priviléges.

Ainsi, la dette est déclarée nationale, soit qu'elle ait eu pour objet :

1° L'achat d'édifices et terrains devenus quais de grandes villes et dépendances du domaine public (voir l'arrêt du conseil, du 11 août 1819 (aux Archives)) ;

2° Des emprunts contractés et versés dans les caisses communales avant le 24 août 1793 (voir l'arrêté du 28 fructidor an 10 (aux Archives)) ; lors même que les communes les auraient reconnus, et même remboursés, en partie, postérieurement (voir les arrêts du conseil, du 9 frimaire an 13 , *Inglar et consorts contre Montagne et Paulin Emeric*, aux Archives, n° 11803; et du 5 floréal an 13, *Mercier et autres contre Rollet*, aux Archives, n° 13313);

_____

(1) Quant aux communes des départemens réunis, voici comment on a procédé à leur égard. Depuis la loi du 2 prairial an 5, le gouvernement ne pouvait plus appréhender leurs biens; il les aurait choquées par cette violence d'usurpation, et, comme, par politique, il désirait les ménager, il les laissa dans la loi commune, c'est-à-dire qu'elles durent payer leurs dettes, en gardant leurs biens; même pour capter leur faveur, on accorda un sursis au paiement des dettes. (Voir les avis du conseil d'état, des 21 octobre 1806 et 1er avril 1811 (inédits), et le décret du 21 août 1810, *au Bulletin.*)

3° Des dépenses communales (voir l'arrêt du conseil, du 23 août 1807 (aux Archives));

Des frais et honoraires d'avocats, procureurs, mandataires, etc. (voir les arrêts du conseil, des 9 frimaire an 18, *Inglar et consorts contre Montagne et Paulin Emeric*, aux Archives, n° 11803; du 5 floréal an 13, *Mercier et autres contre Rollet*, aux archives, n° 13813; du 16 frimaire an 14; du 7 février 1809; du 15 février 1811; du 10 février 1816, *Delacourtie contre la commune de Mareau*);

4° Des rentes constituées (voir l'arrêté du 28 fructidor an 10, *Aubant, Benoit et consorts contre les héritiers Auneux*, aux Archives, n° 4443; les arrêts du conseil, du 16 frimaire an 14, *héritiers Lalulmondière contre les héritiers Fain*, aux Archives, n° 15810; du 4 août 1811; du 22 décembre 1811, *commune de Pecourt contre les héritiers Polot*, aux Archives, n° 46962; et l'arrêt de la cour de cassation, section civile, du 14 fructidor an 11);

5° Des dommages et intérêts (voir l'arrêt du conseil, du 3 mai 1810, *les hospices de Valence contre Lefebvre*, aux Archives, n° 36734).

La dette est déclarée nationale, y eût-il même, soit jugement définitif de condamnation depuis 1793, soit reconnaissance volontaire de la commune, soit commencement d'exécution par le paiement d'une partie de la dette. (Voir les arrêts du conseil du 15 août 1821, *Verdalle contre la commune de Bagnères de Luchon*; du 3 juillet 1822, *Barbe et consorts contre la commune de Gemenos;* les décisions du ministre de l'intérieur, des 5 et 20 juillet 1825; l'arrêt du conseil du 31 janvier 1827, *Duplessis;* du 14 novembre 1834, *héritiers Auscher contre la commune de Seltz.)*

C'est par la même raison que les jugemens passés en force de chose jugée, qui condamnent l'état comme débiteur, n'étant que déclaratifs et non constitutifs de la créance, n'empêchent pas l'état d'opposer au paiement la déchéance de l'arriéré. (Voir l'arrêt du conseil du 8 août 1821, *le comte d'Ogny contre l'état.)*

Enfin, un arrêt du conseil du 23 novembre 1825, *commune de Châtillon-le-Duc contre Marion*, a déclaré nettement que les dettes des communes envers l'état ont été nationalisées comme toutes les autres. Il résulte de cet arrêt, 1° qu'une rente due par une commune à l'état, du chef d'une corporation supprimée, est devenue nationale par l'effet des dispositions de la loi du 24 août 1793, et que, par conséquent, l'état n'a pu, depuis, transférer cette rente à un tiers, au préjudice de la commune; 2° que les arrêtés des conseils de préfecture, qui ordonnent le paiement d'une pareille dette, excédent leurs pouvoirs, et que ce paiement, s'il a été fait par la commune, est restituable, soit parce qu'il n'est que l'exécution forcée d'un arrêté non suspensif, soit parce que ce qui a été payé sans être dû est sujet à répétition.

L'extinction profite à un tiers tenu hypothécairement d'une dette envers la commune (voir l'arrêt du conseil du 20 septembre 1809, (aux Archives)); et aux communes étrangères, incorporées à la France avant la loi de 1793 (voir l'arrêt du conseil du 15 mars 1826, *commune de Créhange*).

Déjà un arrêt, du 15 janvier 1809, avait décidé, dans le même sens, que les créanciers des communes, pour réparations d'églises, qui, aux termes de la loi du 15 mai 1791, devaient se pourvoir en liquidation devant le trésor public, seraient contraints de restituer les sommes qu'ils auraient indûment perçues des communes, en vertu des délibérations des conseils municipaux, et arrêtés des corps administratifs. Conférez avec un arrêt du 30 septembre 1811 (aux Archives).

Voir l'instruction du ministre de l'intérieur, du 22 septembre 1823, relative aux communes, qui les autorise à refuser le payement de toutes les rentes et créances d'une origine antérieure au 10 août 1793, quand bien même les arrérages et les intérêts auraient été payés jusqu'à ce jour. — Voir aussi l'avis du conseil d'état, du 13 mars 1810, rapporté ou modifié par celui du 13 août 1813 (au Bulletin).

Un arrêt du conseil, du 31 mars 1806, *commune de Mouzon*, aux Archives, n° 16602, déclare nationales les dettes d'une commune envers l'état ; mais, par compensation, il défend les répétitions de créances de la commune sur l'état, pour versement de deniers ou dépenses de constructions de bâtimens, qui lui appartenaient, et qui sont actuellement employés à un service public. (Voir les arrêts du conseil, du 22 ventose an 12 ; du 10 brumaire an 14 (aux Archives).)

Ou, en compensation des liquidations faites par l'état à leur décharge, on déclare les bâtimens définitivement réunis au domaine national, et l'on renvoie à la liquidation générale les communes qui se sont pourvues en temps utile. (Voir l'arrêt du 9 septembre 1806, *l'état contre les héritiers Lafon*, aux Archives, n° 18408.)

Un arrêt du 3 floréal an 13 porte également que « la dette est « devenue nationale par l'abandon que la commune a fait de son « actif, en exécution de la loi du 24 août 1793. »

Un autre arrêt, du 25 novembre 1806, *commune de Sauve*, aux Archives, n° 19165, rendu sur le rapport du ministre des finances, déclare que l'article 91 de la loi du 24 août 1793, ayant investi l'état des biens des communes, jusqu'à concurrence de leurs dettes, la saisie de leurs biens et revenus peut être poursuivie jusqu'à concurrence des dettes liquidées par le trésor public, à leur acquit.

Mais une jurisprudence contraire, soit de principe, soit d'application, a prévalu.

Ainsi : 1° un décret du 18 thermidor an 11 avait précédemment déclaré que toutes les dettes actives des communes sont devenues nationales, encore bien qu'elles n'aient pas dressé et remis l'état de leur actif et de leur passif.

2° Le conseil d'état avait affirmativement décidé la question de savoir si les communes doivent être réintégrées dans la jouissance de leurs biens corporels et incorporels non vendus, dont l'état a pris possession, en exécution de la loi du 24 août 1793, lorsque leur actif surpasse leur passif.

Et par le motif que, « si l'article 90 de la loi veut que les créances « dues par l'état aux communes soient éteintes et supprimées, son « intention n'a pas été que cette extinction fût gratuite, et que ces « créances ne pussent servir à compenser les dettes que l'état s'est « chargé de payer en l'acquit des communes ; que les rentes qui leur « étaient dues étaient évidemment leur propriété, et qu'elles n'ont « pu en être privées. »

En conséquence, on prescrivit au domaine de remettre aux communes les titres de propriété des biens corporels non vendus ; et des rentes sur particuliers non remboursées. (Voir l'arrêt du 11 pluviose an 11, *commune de Châlons*, aux Archives, n° 5495 ; et l'arrêt du 30 ventose an 13, *commune de Blois*, aux Archives, n° 11385.)

3° Plus tard, dans un conseil d'administration tenu le 6 mars 1806, il fut pris, à l'égard des dettes des communes, la résolution suivante :

« Toutes les dettes des communes, dont l'origine est antérieure

« à la loi du 24 frimaire an 6, doivent être consolidées et réduites
« au tiers. Toutes celles contractées depuis l'an 6, jusqu'au 1er vén-
« démiaire an 9, seront consolidées sur les communes, avec inté-
« rêt à 3 pour cent. Toutes celles contractées du 1er vendémiaire
« an 9, au 1er vendémiaire an 18, seront consolidées sur les com-
« munes, avec intérêt à 5 pour cent. » Le ministre de l'intérieur
fut chargé de présenter un projet dans ce sens.

On voit donc que l'intention du gouvernement était de maintenir
la nationalisation des dettes antérieures à la loi du 24 août 1793.

4° Un décret du 1er avril 1809 (aux Archives), qui liquide les dettes de
la ville d'Hyères, sur le rapport du ministre de l'intérieur, et de l'avis
du conseil d'état, rejette de son budget un article de fournitures
antérieures à 1793.

Bientôt après, le chef du gouvernement refusa d'approuver un
avis du conseil d'état, du 31 octobre 1809, qui portait que « les
« biens des communes, réunis au domaine jusqu'à concurrence de
« leurs dettes, liquidées à la charge du trésor public, peuvent et
« doivent être vendus comme domaines nationaux. »

5° Par les mêmes motifs, les demandes des communes en autorisation d'aliéner leurs biens, pour payer leurs dettes, sont repous-
sées, et les créanciers renvoyés à se faire liquider par l'état. (Voir
décret du 30 décembre 1809 (aux Archives).)

6° C'est aussi dans le même esprit qu'un décret du 12 novembre
1806, et un avis du conseil d'état, du 5 juin 1811, ont décidé, le
premier, que les communes ne peuvent rester grevées du remboursement des emprunts contractés par elles pour subvenir aux frais
de construction des casernes, dont la loi du 10 juillet 1791 a mis
la propriété entre les mains de l'état (voir l'article 10 de ladite loi);
le second, que l'état ne peut répéter contre les villes le paiement
des loyers des bâtimens dépendans du domaine, qui leur ont été
concédés, d'abord par les décrets des années 1790 et 1791, puis par
le décret impérial du 9 avril 1811, et qui étaient occupés pour le
service de l'administration, des tribunaux et du culte.

IV°—Toutefois, quelque absolue que paraisse et que soit en effet la
règle de la nationalisation des dettes des communes, elle souffre
néanmoins quelques exceptions.

1° Il est admis, en effet, que les dettes pour lesquelles il avait
été réparti des impositions en sous additionnels, à l'époque de l'émission de la loi, sont demeurées à la charge des communes, conformément à l'article 84 de ladite loi. (Voir l'avis du comité de l'intérieur, du 5 mars 1823.)

Mais, s'il n'est pas prouvé que la répartition ait été autorisée
avant le 24 août, la dette rentre dans l'application générale de l'article 82.

2° Il n'y a pas lieu à appliquer la loi du 24 août 1793 à des
sommes dues par les communes à un ancien comptable pour contributions arriérées (voir l'arrêt du conseil, du 20 juin 1832, *communes d'Arles, de Barbantaine et autres contre Pin et Cartier*); à
une dette communale, résultant du prix d'un bail à long terme,
consenti en 1780, excepté pour les portions échues avant le mois
d'août 1793. On fait, dans ce cas, une ventilation. (Voir l'avis du
comité de l'intérieur, du 29 octobre 1823.)

3° La ventilation est encore admise pour le prix de travaux qui
appartiennent à différentes époques, suivant l'article 1796 du Code
civil. Lorsqu'il s'agit d'ouvrages confiés à un entrepreneur, on ne
peut faire remonter l'origine de la créance au jour de l'adjudi-

cation, sans distinction de parties. La dette n'existe réellement qu'au fur et à mesure de l'exécution de l'entreprise : ainsi, lorsque des travaux adjugés avant 1793 ont été exécutés partie avant, partie après la loi du 24 août, la première portion a seule été soumise à l'article 82 ; l'autre est demeurée à la charge de la caisse municipale. (Voir l'avis du comité de l'intérieur, du 10 septembre 1824 et l'arrêt du conseil, du 30 janvier 1828, *commune de Chévillon contre Laveharde.*)

4° Il a été encore déclaré que le prix d'une vente consentie à une commune, sous la forme d'un bail perpétuel, par acte de mai 1771, et qui consistait dans une redevance annuelle en nature de grains, ne pouvait être assimilé aux dettes dont la loi du 24 août 1793 affranchit les communes, et qu'il y avait lieu, sur la proposition du conseil municipal, d'en autoriser le remboursement. (Voir l'avis du comité de l'intérieur, du 20 juillet 1825.)

5° Les mêmes exceptions sont applicables aux anciens créanciers des communes d'origine étrangère, et dont la réunion à la France s'est opérée depuis la loi du 24 août 1793. (Voir l'arrêt du 28 mai 1823, rendu sur le rapport du *ministre de l'intérieur, contre la commune d'Arbonans (Doubs).*)

Cette question avait déjà été résolue dans le même sens par une instruction du 20 mars 1813, émanée du directeur général des communes. (Voir dans le même sens, et par argument *à contrario*, un arrêt du 15 mars 1826, *commune de Créhange.*)

6° Il a été décidé enfin que l'application de l'article 82 de la loi du 24 août 1793 ne pouvait régulièrement se faire à des créanciers d'une commune dont la dette, bien que tirant sa première origine, ou sa cause immédiate, d'une circonstance antérieure au 10 août 1793, ne pouvait être réputée existante avant cette époque, ni avoir été comprise dans le passif de la commune. (Voir décision du ministre de l'intérieur, conforme à un avis du comité de l'intérieur, du 3 juin 1825.)

Au surplus, toutes ces exceptions confirment le principe.

7° Il convient aussi d'établir une distinction entre l'effet du jugement qui porte sur l'application de la loi du 24 août 1793 et celui qui ne juge que le principe de la dette.

Le juge administratif, sans méconnaître la force d'un jugement civil qui, depuis la loi du 24 août, a déclaré une commune débitrice, pour une cause antérieure à cette loi, peut, suivant sa capacité et la jurisprudence qui lui est propre, décider que cette obligation, qu'il reconnaît, en principe, comme chose jugée, a été éteinte par l'effet de la loi administrative, dont il n'appartient qu'à lui de prononcer l'application.

Ici l'autorité administrative ne détruit pas le jugement ; elle l'exécute, mais à sa manière ; elle satisfait en quelque sorte le créancier, mais avec sa monnaie ; elle le paie en déchéance, comme tous les autres créanciers de l'arriéré. (Voir l'arrêt du 24 décembre 1823, *héritiers Crespin contre le ministre des finances.*)

Si, au contraire, la question soumise au tribunal était relative à l'exécution de la loi du 24 août, invoquée par la commune, repoussée par le créancier, et formant la matière exclusive du procès ; si, par un arrêt devenu irrévocable, le tribunal avait explicitement jugé que la commune devait, nonobstant la loi du 24 août 1793, alors l'administration deviendrait entièrement passive, et elle ne pourrait que céder à l'autorité de ce jugement ;

ce serait le méconnaître que d'appliquer la loi du 24 août, que ce jugement aurait déclarée inapplicable.

C'est sans doute à tort que le tribunal a décidé ainsi; c'est incompétemment qu'il a connu de la question; son arrêt est également vicieux au fond et dans la forme; mais c'est chose jugée, *res judicata pro veritate habetur.*

En résumé, nous pensons que le jugement n'est pas, comme dans le cas précédent, simplement déclaratif de la dette, mais interprétatif de la loi elle-même; que cette interprétation, bonne ou mauvaise, est chose irrévocablement jugée, et que l'administration ne saurait, sans excéder ses pouvoirs, et sans violence, s'élever au dessus de cette chose jugée.

Si la dette est en effet antérieure au 10 août 1793, elle ne saurait être ni remboursée par la commune, qui en a été légalement libérée, ni liquidée par le trésor, attendu qu'elle est frappée de déchéance. (Voir les lois des 23 messidor an 2 et 30 messidor an 4; l'arrêté du 23 pluviôse an 11; les arrêts du conseil, des 23 avril 1807; 20 septembre 1809; 3 mai 1810 et 4 août 1811 (aux Archives); les arrêts des 10 février 1816, *Delacourtie contre la commune de Mareau;* du 28 juillet 1820, *Lacroix contre la ville de Gray;* du 10 janvier 1821, *Vinot contre la commune de Landréville;* du 2 février 1821, *commune de Vif contre David et Bellety;* du 22 février 1821, *Molinos contre la ville de Paris;* du 28 mars 1821, *la ville de Rochefort contre Latouche-Tréville;* du 20 juin 1821, *héritiers Crespin;* du 20 juin 1821, *Coulet et consorts contre la commune de Cassis;* du 15 août 1821, *Véralalle contre la commune de Bagnères-Luchon;* du 3 juillet 1822, *Barbe et consorts contre la commune de Gemenos;* du 28 août 1822, *les syndics des arrosans du canal de Cabedan contre les héritiers Barthelier;* du 16 juin 1824, *Monnet contre la commune de Joncquières;* du 17 août 1825, *Monnet contre la commune de Joncquières;* du 15 mars 1826, *commune de Créhange;* du 16 janvier 1828, *André contre la commune de Saint-Jean-de-Fos;* du 25 avril 1828, *de Suffren et Arnauld contre la commune de Barles;* du 16 août 1833, *la ville de Marseille contre Millot;* du 23 décembre 1835, *les héritiers Collet contre la commune de Brosses;* et les arrêts de la cour de cassation, section civile, des 25 mars 1819 et 24 décembre 1823.)

SECTION II. — *Des autorités qui doivent prononcer sur les dettes contestées des communes.*

La compétence en cette matière est judiciaire ou administrative.

§ 1er. — *Compétence judiciaire.*

1° — D'abord l'autorité judiciaire est compétente pour prononcer sur les actions qui sont dirigées, contre les maires, les adjoints ou officiers municipaux qui ont contracté, en leur propre et privé nom, sans autorisation du conseil municipal.

C'est ainsi que l'obligation d'un maire ou de mandataires, bien que la dette ait été contractée, pour et au nom de la commune, si elle est personnelle, doit être poursuivie devant les tribunaux civils. (Voir les arrêts du conseil, du 10 août 1808, *Gossens contre Goës;* du 18 mars 1816, *Durand contre Mathelon et Duffaur;* du 26 août 1818 (aux Archives); et du 9 août 1821, *Kien contre Boschelin et autres.*)

Si le maire excipe devant les tribunaux civils qu'il n'a agi et contracté qu'en qualité de maire, au nom et dans l'intérêt exclusif de la commune, les tribunaux doivent surseoir et renvoyer devant l'autorité administrative pour y être spécialement statué sur cette question. Si le tribunal retenait l'affaire après le déclinatoire du préfet, ce magistrat pourrait élever le conflit. (Voir l'ordonnance royale du 11 décembre 1816, rendue sur un arrêté de conflit pris par le préfet du Doubs (affaire *Perrin contre Huot*), et celles du 30 juillet 1817, sur un arrêté de conflit pris par le préfet du Haut-Rhin (affaire *Bendelé et Ernst*), et sur un arrêté du préfet de la Haute-Saône (affaire *Perret contre Berthod*).)

Dans une contestation entre le maire d'une commune et un particulier, relativement à un bail purement verbal, les déclarations et accessions postérieures du conseil municipal ne peuvent prouver ce qui s'est passé à l'époque du bail, ni si le preneur a agi comme maire; l'appréciation de ce fait ou de la preuve contraire ne peut être faite que par les tribunaux civils. Dans ce cas, l'assignation personnelle du preneur est régulière. (Voir l'arrêt du 24 avril 1811 (aux Archives).)

L'approbation donnée, par un préfet, à une convention signée par les maire, adjoints et conseillers municipaux d'une commune, qui stipulent au profit d'un tiers, ne change pas la nature de l'acte et ne détruit pas les obligations personnelles et solidaires qui peuvent s'y trouver, et dont l'appréciation n'appartient qu'aux tribunaux civils. (Voir l'arrêt du conseil, du 10 mars 1807, *veuve Lautremange contre plusieurs habitans de la commune de Jalhay*; du 21 octobre 1818, *Faivre contre la commune d'Etray*.)

Mais, si, plus tard, le maire et autres coobligés exercent leur recours contre la commune, c'est à l'administration seule qu'il appartiendra de statuer sur l'imputation de cet objet parmi les dépenses communales et sur les charges y relatives. (Voir les arrêts du conseil, du 3 janvier 1813; du 10 février 1816 (aux Archives), et du 21 octobre 1818, *Faivre contre la commune d'Etray*.)

Les maires qui donnent l'autorisation de faire passer des voitures sur des prés et champs, situés dans des communes où ils n'exercent aucun pouvoir et qui sont étrangères à leurs fonctions, peuvent, à raison de cet excès de pouvoirs, être personnellement poursuivis en dommages intérêts devant les tribunaux civils, sans l'autorisation du gouvernement. (Voir l'arrêt du conseil, du 12 novembre 1806 (aux Archives).)

Mais ils ne pourraient être personnellement condamnés à des dommages et intérêts pour avoir, en leurdite qualité, négligé la réparation d'un chemin où passent les voitures, obligées de traverser alors des champs ou prés contigus, dont les propriétaires se plaignent. (Voir l'arrêt du conseil, du 12 novembre 1806, *habitans de Seulzbach contre le maire de Rouffach*.) — En effet, le mauvais état d'un chemin public ou d'un pont n'est pas, pour les particuliers qui, par suite du délabrement de ces pont et chemin, ont éprouvé des pertes d'animaux, de voitures et de denrées, un motif d'exercer une action judiciaire, soit contre le maire, soit contre la commune. C'est à l'administration à pourvoir aux réparations et reconstructions desdits chemin et pont, après en avoir constaté l'état et l'utilité.

Les contestations relatives à l'exécution de conventions privées, passées entre les habitans d'une commune sans l'intervention de l'autorité administrative, sont de la compétence de l'autorité judiciaire. (Voir l'arrêt du conseil, du 14 juillet 1819, *Brumpter contre la commune de Hurtigen*.)

II° — Lorsqu'il est certain et non contesté que la commune a le caractère de débiteur, mais que la dette elle-même est contestée, c'est en général aux tribunaux civils que les créanciers doivent s'adresser pour obtenir la reconnaissance de leur titre ou pour faire juger à quelle quotité s'élève la dette. (Voir les avis du conseil d'état, des 12 août 1807, 15 janvier, 13 février et 23 avril 1809; les arrêts du 29 septembre 1810, du 17 janvier 1814, du 11 décembre 1816 et du 20 février 1817 (aux Archives).)

C'est ainsi que c'est aux tribunaux civils à statuer entre des communes et un particulier sur des contestations relatives,

A des fournitures de guerre à leur décharge (voir l'arrêt du conseil, du 8 septembre 1819, *Seitz contre Frich*);

A l'équipement de gardes nationales pour leur compte (voir l'arrêt du conseil, du 2 février 1812 (aux Archives) (1));

A l'exécution d'un marché d'ouvrages avec un entrepreneur (voir l'arrêt du conseil, du 29 août 1821, *ville de Poitiers contre Mathé*);

Aux engagemens pris avec un ministre du culte, pour sa rétribution supplémentaire (voir l'arrêt du conseil, du 21 octobre 1818, *Faivre contre la commune d'Etray*).

III° — La compétence de l'autorité judiciaire spécialement quant aux dettes des communes antérieures au 10 août 1793, a donné lieu à des variations de jurisprudence qu'il faut noter ici.

Il a été décidé par trois arrêts du conseil, du 13 frimaire an 14, du 2 février 1812 et du 8 janvier 1813, que les tribunaux civils doivent statuer préalablement sur l'existence, la validité et la quotité de ces dettes. — Mais il résulte d'autres arrêts (voir ceux des 7 février 1809, 12 juin 1811 et 13 décembre 1818 (aux Archives); que les tribunaux sont incompétens pour statuer en cette matière.

C'est aussi la doctrine de la cour de cassation. Un arrêt de la section civile, du 22 août 1822, porte que c'est à l'autorité administrative seule à décider si les dettes réclamées contre les communes, par cause antérieure à la loi du 24 août 1793, sont, ou non, devenues nationales. Conférer avec un arrêt du conseil, du 2 février 1812 (aux Archives).)

Il faut donc tenir pour constant : 1° que les tribunaux sont incompétens pour reconnaître les dettes de cette espèce, parce qu'elles sont nationales et qu'ils doivent s'abstenir de toute action qui tendrait à faire déclarer l'état débiteur; 2° qu'ils peuvent reconnaître les dettes communales, mais non les liquider.

IV° — Quant aux communes réunies à la France après la loi du 24 août 1793, et qui durent payer leurs dettes en gardant leurs biens, le gouvernement leur avait accordé un sursis au paiement de leurs dettes. Mais l'application du sursis aux cautions volontaires pouvait présenter des difficultés; elles ont été renvoyées aux tribunaux civils, ainsi que toutes les contestations qui pouvaient s'élever entre les créanciers et les communes et leurs cautions, sur l'exécution, la légitimité et la quotité de ces dettes. (Voir l'arrêt du conseil, du 13 janvier 1813 (aux Archives).)

---

(1) Il faut noter toutefois qu'une ordonnance royale, du 13 février 1816, rendue sur un arrêté de conflit pris par le préfet de la Haute-Saône (affaire *Jobard contre Kern et Wachter*), a renvoyé à l'autorité administrative une contestation relative à des fournitures d'équipement faites à la garde nationale d'un département.

§ 2. — *Compétence administrative.*

1° — Il n'appartient qu'à l'autorité administrative de statuer sur les réclamations des particuliers, à l'occasion du paiement des fournitures et réquisitions faites par ordre d'agens municipaux. (Voir les arrêtés du 16 vendémiaire an 9, *héritiers Friefs contre les officiers municipaux de Rouffac*, aux Archives, n° 641; du 29 frimaire an 9, *J.-B. Philippe contre Duchesne*, aux Archives, n° 876; et du 15 germinal an 9, *Nollet contre Vernier*, aux Archives, n° 1275.) — La raison en est que les tribunaux civils ne peuvent s'immiscer dans les opérations des autorités administratives, tels que les maires, les directoires de districts, les administrations centrales, les préfets, les ministres, etc., etc.

Ainsi, lorsqu'il s'agit de transport d'objets compris dans une réquisition relative aux approvisionnemens militaires, le prix de ce transport ne peut être réclamé, devant les tribunaux civils, contre un agent municipal. (Voir l'arrêté du 13 thermidor an 9, *commune de Rammersmatt*, aux Archives, n° 1853.) — La raison en est que les condamnations prononcées contre l'agent et nécessairement contre la commune pourraient refléchir contre l'état.

Il en est de même, lorsqu'il s'agit du paiement de la nourriture et des frais de logement de garnisaires envoyés par l'ordre du maire. (Voir les arrêtés du 5 pluviose an 10, *Daulteur contre le maire d'Ardonval*, aux Archives, n° 2806; du 19 pluviose an 10, *Niquet contre Carquet*, aux Archives, n° 2020; et 7 fructidor an 10, *Bordery contre Gourbe et Lenormand*, aux Archives, n° 4270.)

La compétence administrative est surtout incontestable s'il y a eu adjudication de services et fournitures par voie de réquisition, à la médiation du maire et sous forme de réglement municipal. (Voir les arrêts du conseil, du 20 juillet 1807 et du 29 mai 1815 (aux Archives).)

De même, s'il s'agit d'un marché par l'administration municipale et d'un service exécuté dans tous ses détails, d'après ses ordres. (Voir l'arrêt du conseil, du 25 février 1818, *Périgal contre la veuve Mongin et le maire de Saint-Loup.*)

La compétence administrative est d'autant plus fondée dans ces divers cas, que l'agent poursuivi n'a fait qu'exécuter les ordres de l'autorité supérieure, et qu'il y a à rendre un compte qui ne peut être examiné et débattu que par l'administration. (Voir les arrêtés des 17 floréal an 11, *Maruval contre Bertrand et Houlès, et ces derniers contre la commune de Buissezon*, aux Archives, n° 6385; et 16 messidor an 11, *Jassan contre Roussel-Parent et Hourez*, aux Archives, n° 6908.)

Lorsque des réparations à des églises et des levées de contributions ont été ordonnées par des actes administratifs, toutes les contestations, soit sur le mode de paiement des entrepreneurs de ces travaux, soit sur le recouvrement et l'emploi de ces contributions, doivent être jugées administrativement. (Voir l'arrêt du conseil, du 24 juillet 1806, *Daussy contre Desenclos*, aux Archives, n° 17991.)

On ne peut poursuivre que devant l'administration, et sur les fonds des communes, le paiement des gardes champêtres et forestiers, et des instituteurs primaires. (Voir les arrêtés des 5 nivose an 10, *le maire de Moerkerke contre Decorte*, aux Archives, n° 2607; du 5 pluviose an 10, *le maire de Burgy contre Mathieu*, aux Archives, n° 2805; du 17 vendémiaire an 11, *Papier contre Sacré*, aux Archives, n° 4594; et du 16 messidor an 11, *Piot contre Gagneux*, aux Archives, n° 3937.) —

La raison en est que ce paiement ne peut s'effectuer qu'avec les revenus communaux, et qu'à l'administration seule appartient d'en régler l'emploi et d'en faire la répartition.

Mais les contestations relatives aux dépenses des pâtres et des troupeaux communs, sont du ressort des tribunaux civils. (Voir l'arrêt du conseil, du 26 août 1818, *Bertrand contre de Champigneulles*.) — La raison en est que ces dépenses ne sont pas communales.

II° — Quant aux dettes des communes antérieures au 10 août 1793, nous avons déjà vu ci-dessus que l'autorité judiciaire est incompétente pour reconnaître les dettes de cette espèce, parce qu'elles sont nationales, et que cette autorité ne peut prononcer, en général, sur les actions qui tendent à constituer l'état débiteur.

Mais à qui, dans le sein de l'autorité administrative, appartient-il de prononcer sur l'application de l'article 82 de la loi du 24 août 1793, qui a déclaré nationales les dettes antérieures des communes ?

C'est aux préfets, sauf recours au ministre de l'intérieur. (Voir les arrêts du conseil, du 23 avril 1807; du 7 février 1809 (aux Archives); du 13 août 1811, *les héritiers Favart-d'Albine contre la commune de Gannat*; du 8 mars 1813 (aux Archives); du 16 juin 1824, *Monnet contre la commune de Joncquières*; du 28 février 1828, *Dorchies et d'Hallain contre la commune de Saint-André*; du 22 octobre 1830, *Ferrand et Valéran contre la ville d'Hyères*; du 3 décembre 1831, *Bagnères contre la commune de Luby*; du 17 janvier 1833, *commune de Sassenage contre Charvet*.)

Un arrêt du conseil, du 23 juin 1811, a même annulé sur le rapport du ministre de l'intérieur, et pour contravention à la loi du 24 août 1793, un arrêté du conseil de préfecture qui avait accordé à des créanciers l'autorisation de plaider contre une commune. (Voir l'arrêt du conseil, du 16 juin 1824, *Monnet contre la commune de Joncquières*.)

III° — Quant aux dettes des communes dont l'origine est postérieure au 10 août 1793, et dont la validité et l'exigibilité ne sont pas contestées, elles doivent être liquidées administrativement.

D'où il suit que les créanciers doivent se retirer devant le préfet, et, à son refus, devant le ministre de l'intérieur, qui, d'après la délibération des conseils municipaux, détermine le mode, les valeurs et les époques du paiement. (Voir les arrêts du conseil, du 15 janvier 1809, *commune de Saint-Jouin*; du 24 octobre 1821, *Pastor contre Revel*; du 19 décembre 1821, *Morin contre la ville de Chartres*.)

IV° — La compétence administrative a plus d'étendue relativement aux frais d'entretien des établissemens militaires, aux dépenses de casernement ou des terrains de manœuvre, à l'obligation de fournir les magasins des lits militaires, au paiement autorisé sur les revenus des communes par la loi du 15 mai 1818, aux frais de construction des casernes, aux dépenses d'ateliers, aux travaux faits à des bâtimens cédés postérieurement par le gouvernement à une commune. La question de savoir si les communes doivent, ou dans quelle proportion il faut qu'elles exécutent ou paient lesdits travaux ou dépenses et dans quelle proportion le gouvernement est tenu de les acquitter, appartient à l'autorité administrative. Mais ici la contestation ne doit pas être portée devant le ministre de l'intérieur, mais devant le ministre de la guerre ou des finances, s'il s'agit soit de l'application de la loi du 15 mai 1818, soit de l'affectation, par voie de cession aux communes, de bâtimens et terrains nationaux. (Voir les arrêts du conseil, du 22 février 1821, *ville de Toulouse contre le ministre de la guerre*; du 10 juillet 1822, *Pauly contre la ville de*

Melun ; du 19 février 1823 , *Testou contre la ville de Toulouse;* du 9 janvier 1828, *ville de Toulouse contre le ministre de la guerre;* du 3 février 1830, *ville de Toulouse contre le ministre de la guerre;* du 15 septembre 1831 , *ville de Rochefort contre les ministres de l'intérieur et des finances;* du 29 novembre 1833, *ville de Pau contre le ministre de la guerre* (1).)

SECTION III. — *Moyens de libération.*

Les communes ne peuvent acquitter leurs dettes qu'au moyen :

Soit des fonds libres de caisse ;

Soit d'une imposition extraordinaire ;

Soit d'un emprunt ;

Soit de l'aliénation de quelques communaux ;

Soit de ventes mobilières ;

1° Les communes doivent toujours épuiser le premier moyen avant de recourir aux autres.

2° L'imputation sur les fonds libres de caisse peut avoir lieu lors du règlement du budget ou après ce règlement.

3° Si la dette est comprise dans les dépenses portées au budget, c'est le roi ou le préfet qui approuvent l'imputation, selon que la commune a 100,000 francs et plus de revenus, ou qu'elle en a moins. (*Loi du* 18 *juillet* 1837, *art.* 33.)

Si la dépense ne figure pas au budget, elle ne peut y être introduite , même à titre de dépense obligatoire (voir la loi du 18 juillet 1837, art. 3, n° 21), que par ordonnance du roi ou arrêté du préfet , selon les revenus de la commune (*ibid.*, *art.* 38).

4° Si , d'après le vœu du conseil municipal, la dette doit être acquittée au moyen d'une imposition extraordinaire , il faut d'abord , dans les communes dont les revenus sont inférieurs à 100,000 francs, que le conseil municipal s'adjoigne les plus imposés aux rôles de la commune en nombre égal à celui des membres en exercice, ensuite que la délibération soit approuvée par le préfet. Dans les autres communes , la délibération du conseil municipal auquel il n'est point fait d'adjonctions, est approuvée par ordonnance royale. (Voir la loi du 18 juillet 1837, art. 40 et 42.)

5° Si la commune croit devoir recourir à un emprunt , il faut une autorisation , donnée par le roi dans la forme des réglemens d'administration publique, pour les communes ayant moins de 100,000 francs de revenus, et par une loi, s'il s'agit d'une commune ayant un revenu supérieur. Dans les premières, le conseil municipal doit , pour délibérer, s'adjoindre les plus imposés en nombre égal à celui des membres en exercice.

En cas d'urgence et dans l'intervalle des sessions, une ordonnance du roi, rendue dans la forme des réglemens d'administration publique, peut autoriser les communes dont le revenu est de 100,000 francs et au dessus à contracter un emprunt jusqu'à concurrence du quart de leurs revenus. (Voir la loi du 18 juillet 1837, art. 41 et 42.)

6° Si la dette doit être acquittée au moyen des sommes provenant de l'aliénation de quelques biens communaux, il faut alors suivre les règles que nous avons exposées ci-dessus. (Voir chapitre X.)

7° La loi nouvelle autorise la vente des biens mobiliers des communes, en vertu d'une ordonnance royale, sur la demande de tout

_____

(1). Il sera bien de consulter le texte de ces arrêts pour les cas identiques ou analog es.

7

créancier porteur de titres exécutoires (*art.* 46). Nous ne pouvons qu'approuver cette disposition. Si l'on veut donner du crédit aux communes, il ne faut pas trop rebuter les prêteurs.

8° Quelquefois on a proposé d'établir un droit de pacage par tête de bétail, pour parvenir soit à l'acquisition d'un presbytère, soit au remboursement d'une dette communale.

Mais le conseil d'état a constamment repoussé ces propositions, par le motif que « l'acquisition d'un presbytère ou le paiement d'une « dette communale, intéressent la totalité des habitans d'une com- « mune; que lesdites rétributions ne frapperaient que les individus « qui sont dans le cas de profiter du droit de pâturage; que, d'après « ces considérations, un tel mode de paiement serait absolument « contraire aux principes régulateurs de la répartition de l'impôt. » C'est ce qui résulte des avis du conseil, des 3 janvier 1806, 10 mars 1807, 28 mai et 20 septembre 1809 (inédits).

9° C'est dans le même esprit que le conseil d'état a refusé d'autoriser une commune à vendre une partie de ses biens pour en employer le prix à la poursuite d'un procès. (Voir l'arrêté du 10 germinal an 11, *commune d'Esparrose et autres*, aux Archives, n° 5981.)

SECTION IV. — *Mode de paiement.*

Il y a ici à considérer les règles de compétence et les règles du fond de la matière.

§ 1er. — *Règles de compétence.*

Du principe que les communes ne peuvent faire aucune dépense sans y être autorisées par l'administration, et de ce qu'elles n'ont que la disposition des fonds qui leur sont attribués par le budget et qui ont tous une destination dont l'ordre ne peut être interverti, il suit:

1° Que le paiement des sommes dues et reconnues par les communes ne peut être poursuivi que par *voie administrative*, qu'elles aient pour créanciers ou d'autres communes, ou des corporations et établissemens de bienfaisance et de charité, ou l'état, ou des particuliers. (Voir l'avis du conseil, du 26 mai 1813, aux Archives, n° 55323; les arrêts des 6 janvier 1807, *Guerber contre les anciens syndics et maire de la commune de Putlange*, aux Archives, n° 19508; 13 novembre 1807, *Jacquerez contre les agens municipaux de la commune de Chaux*, aux Archives, n° 23525; 11 août 1808, *Lapareillé contre la commune de Montgeron;* 29 avril 1811, *Lattringer contre la commune de Roderon*, aux Archives, n° 43354; 20 décembre 1812; 17 janvier 1814; 11 décembre 1816 (aux Archives); 26 février 1817, *Hueter et Rhomer contre Nigel*, aux Archives du comité, n° d'enregistrement 3119; 21 mai 1817, *Jacquot contre Cuenot*, aux Archives, n° 3234; du 24 octobre 1821, *Boison contre la commune de Plergues*, et par analogie l'arrêt du 23 avril 1823, *Léotard contre l'école de pharmacie de Montpellier.*)

Ce sont les préfets qui vérifient la créance, constatent sa légitimité, et ordonnent son paiement, sauf recours au ministre de l'intérieur. (Voir l'arrêté du 13 vendémiaire an 12, *le maire de Soultz contre Ingold*, aux Archives, n° 7800; les arrêts du conseil, du 11 août 1808 (aux Archives); du 7 février 1809, *Marie et consorts contre Lefèvre*, aux Archives, n° 29313; du 11 décembre 1816 (aux Archives); du 4 août 1819, *Audran et Richaud contre Honoré Martel*, aux Archives du comité, n° 2999; du 19 décembre 1821, *Morin contre la ville de Chartres* ; du 16 juin 1824, *Monnet contre la commune de Joncquières.*) Il y a recours au conseil d'état par la voie contentieuse contre les décisions ministérielles.

Telle est la règle générale.

Cependant la dette peut n'être pas contestée, mais d'une nature telle que le conseil d'état ne puisse en connaître par la voie contentieuse.

Ainsi sont inattaquables par cette voie les ordonnances qui déterminent,

Le mode des cotisations destinées à subvenir aux charges de guerre (voir les arrêts du conseil, du 18 avril 1821, *Armand* ; du 2 février 1825, *Heidsilck et consorts contre la ville de Reims*);

Ou le mode de paiement des condamnations judiciaires prononcées contre une commune (voir l'arrêt du conseil, du 11 janvier 1829, *commune de Cassis*);

Ou les charges des communes relatives au culte, en exécution des lois (voir l'arrêt du conseil, du 3 mars 1825, *ville de Besançon contre la fabrique de l'église de Brégille*) ;

Ou des impositions extraordinaires pour acquittement de dettes (voir l'arrêt du conseil, du 21 octobre 1831, *ville d'Oloron*);

Ou la destination des fonds applicables aux dépenses des bourses et des chambres de commerce (voir l'arrêt du conseil, du 12 avril 1829, *ville de Strasbourg*) ;

2° Que la caisse d'amortissement ne doit pas recevoir les oppositions de la part des créanciers sur les fonds appartenans aux communes (voir l'avis du conseil d'état, du 18 juillet 1807); ce qui n'empêche pas, toutefois, les créanciers de faire sur les biens des communes des actes conservatoires, tels que des inscriptions hypothécaires;

3° Que les tribunaux civils ne peuvent déclarer valables des saisies faites, par des créanciers, de revenus communaux, entre les mains du percepteur. (Voir l'arrêté du 2 prairial an 11 ; les avis du conseil, des 12 août 1807, aux Archives, n° 22531, et 26 mai 1813, aux Archives, n° 55323; les arrêts du 23 août 1807; du 15 janvier 1809 ; du 17 janvier 1814, du 17 juillet 1814 et du 1er mars 1815 (aux Archives); du 19 octobre 1825 , *Reynes et Lonjon contre la commune de Montpeyroux.*) La raison en est que les dettes des communes ne peuvent être acquittées par un receveur de deniers publics, que d'après les ordres de l'autorité administrative. (Voir les arrêts du conseil, du 11 août 1808, du 19 décembre 1821, *Morin contre la ville de Chartres* ; du 28 février 1827, *Mariotte et Roger contre la commune de Thors.*)

4° Que, lorsque des condamnations ont été prononcées par des jugemens contre plusieurs communes, la distribution, entre elles, de leur quote-part de la charge doit se faire administrativement. (Voir les arrêts du conseil, du 21 août 1816, *Tronc contre la commune de Boubiers et autres* ; du 22 juin 1825, *Fontaine contre la commune de Walhenheim*; du 17 janvier 1833, *la commune de Sassenage contre Charvet.*)

5° Que les tribunaux, après avoir statué sur le fond de la contestation, ne peuvent ordonner, comme jadis les parlemens, que dix des principaux habitans de la commune seront contraints de faire l'avance du montant des condamnations prononcées, sauf leur recours contre les autres habitans de la commune, attendu « qu'il n'appartient qu'à « l'autorité administrative de régler la manière dont les dépenses « des communes doivent être acquittées; que les tribunaux ont con-

« sommé leurs pouvoirs lorsqu'ils ont prononcé des condamnations
« contre des communes autorisées à plaider, et qu'aucune loi ne leur
« attribue le droit de répartir le montant des condamnations entre
« les habitans; qu'enfin, la loi du 10 vendémiaire an 4, titre 3, art. 8
« et 9, attribue textuellement aux municipalités la répartition, entre
« les habitans, des dommages et intérêts auxquels les communes auront
« été condamnées. » (Voir les arrêtés des 12 brumaire an 11, *Levvel*
et Chrétien contre la commune d'Aignerville, aux Archives, n° 8321;
9 frimaire an 12 ; et les arrêts du conseil, *Pioch contre la commune
de Saint-Jean-de-Fos*, aux Archives, n° 13215; des 25 germinal an
13, et 15 juin 1809 (aux Archives).)

6° Que, par le même motif, ils ne peuvent établir de solidarité entre
tous les habitans, pour le paiement des dommages et intérêts et restitutions que des jugemens prononceraient contre une commune.

La raison en est que c'est à l'administration seule à régler la manière
dont ces dépenses doivent être acquittées. (Voir l'arrêté des consuls,
du 12 brumaire an 11, et l'arrêté du 9 frimaire an 12.) C'est dans le
même sens qu'un arrêt du conseil, du 1er mars 1833 (*Prudôt et
Lechin contre la commune de Leugny*), a établi que les frais des procès et des condamnations judiciaires constituaient une dépense communale.

—Refuser à une commune l'autorisation de s'imposer pour subvenir
aux frais d'un procès, c'est juger indirectement le procès contre la
commune, car c'est lui ôter les moyens de l'intenter ou de le soutenir. C'est cependant ce qui résulte d'un avis particulier du conseil
d'état, du 26 juin 1813. Il nous semble que l'autorisation du conseil
de préfecture doit toujours précéder l'autorisation de s'imposer: car,
pour intenter une action, il faut que l'action existe. Si l'autorité
supérieure refusait l'imposition, elle annihilerait l'arrêté du conseil
de préfecture par d'autres voies que par la voie contentieuse. Cela
n'est pas permis. Il y aurait matière à recours.

§ 2. — Règles du fond.

I° — Lorsqu'il ne s'agit pas d'un prélèvement à faire sur les revenus
ordinaires d'une commune, mais d'une imposition extraordinaire
à répartir proportionnellement au rôle des contributions directes,
pour payer les frais d'un procès intenté ou perdu par cette commune contre un de ses habitans, il y a lieu de déclarer que le particulier qui soutient le procès et qui l'a gagné, ne sera pas compris
dans la répartition de la somme imposée.

Il en est de même d'une section de commune qui a obtenu une condamnation contre la commune. (Voir la loi du 18 juillet 1837, article 58.)

La règle que consacre la loi nouvelle est simple, facile, intelli-
gible, conforme au bon sens qui ne veut pas qu'on soit contraint de
fournir des armes à l'ennemi qui vous attaque ; à l'équité qui ne
souffre pas que celui qui gagne soit exposé à perdre plus qu'il ne
gagne; aux maximes du droit civil, qui veulent que les frais et les
dépens d'un procès soient personnels à celui qui succombe ; enfin à
l'autorité de la chose jugée qui ne peut rester sans exécution.

La jurisprudence du conseil d'état avait d'abord prononcé en ce
sens (voir quatre arrêts des 22 et 31 mai 1812, 24 mai 1813 (aux
Archives), et 31 mai 1813, *commune de Saint-Georges de Monclare*,
aux Archives, n° 55518; et deux arrêts du 1er septembre 1819, *Frère
de Maisons contre la commune de Menilglaise*, et le comte de Cler-

mont-Tonnerre contre la commune de Gaudreville); mais elle s'était prononcée en sens contraire dans ces dernières années. (Voir les arrêts du 1er mars 1833, *Prudot, Pondot et Lechin contre la commune de Leugny et consorts*, et du 4 novembre 1836, *Renault contre la commune de Valizy*.)

II° — Lorsqu'une imposition extraordinaire a été établie sur une commune par addition aux contributions directes ou au marc le franc desdites contributions, pour l'acquittement de condamnations judiciaires, les propriétaires forains doivent, comme les domiciliés, concourir au paiement de ladite imposition, proportionnellement à la cote de leurs contributions. Cette jurisprudence est fondée sur la maxime que l'impôt frappe le fonds et non la personne, et que le propriétaire, quel qu'il soit, ancien ou nouveau, répond de la charge dont son fonds est ou a été grevé dans sa main ou dans celle de ses auteurs.

Suivant cette maxime, une condamnation communale, dès qu'elle existe, donne naissance à une charge qui pèse moralement, et de droit, sur tout le territoire de la commune, et pour chaque possesseur, dans la proportion de ce qu'il y possède. (L'arrêt du 21 août 1816, *Tronc contre les communes de Boubiers et autres*, a été confirmé dans ses conséquences par les arrêts du 7 mai 1823, *Lépine contre Tronc de Cressac*; du 13 août 1823, *Petit et consorts contre le hameau de Saint-Pierre, commune de Maxon*; du 31 août 1828; *Declercq contre la commune de Carvin*; du 19 janvier 1832, *Legingois contre la commune de Saint-Aignan sur Ry*.)

Avant la loi du 21 avril 1832 (art. 19), tous les propriétaires étaient soumis au paiement du salaire des gardes champêtres, excepté pour les fonds clos, c'est-à-dire les fonds soustraits aux entreprises et aux infractions qu'ils constatent. (Voir les deux arrêts du conseil du 22 juillet 1829, *Larochefoucault et de Luynes*; et celui du 26 décembre 1830, *ministre de l'intérieur contre Le Prêtre et consorts*.)

Lorsqu'une commune succombe, les habitans ne peuvent être condamnés solidairement aux frais et dépens.(Voir l'arrêt de la cour royale de Bordeaux, du 26 août 1833.)

La commune, être moral, est seule condamnée. C'est à l'autorité administrative à déterminer le mode de son acquittement. Le préfet, d'ordinaire, sépare et divise la dette entre plusieurs années pour en faciliter le paiement. (Voir l'arrêt du conseil du 12 septembre 1811 (aux Archives).)

III° — Les intérêts des sommes dues par les communes, pour travaux exécutés, à leur profit, courent, à défaut de stipulations spéciales, et surtout lorsque le règlement des mémoires n'est pas contesté, du jour de la demande portée, soit en justice, soit devant l'autorité liquidatrice. (Voir l'arrêt du conseil du 26 février 1823 : conférez avec un décret du 5 germinal an 11, *commune de Montolieu*, aux Archives, n° 5963.)

Si le créancier a touché le montant de la dette sans réserve ni protestation, la demande d'intérêts n'est pas admissible. (Voir l'arrêt du conseil du 30 novembre 1832, *Veissade contre la ville de Beaucaire*.)

CHAPITRE XIII. — DES TRANSACTIONS.

Du principe que les transactions sont des abandons de biens ou droits qu'altèrent la fortune patrimoniale des communes, laquelle

est placée sous la surveillance et la tutelle de l'administration, il suit:

Que c'est au roi, en conseil d'état et sur le rapport du ministre de l'intérieur, à homologuer les transactions des communes, s'il s'agit d'objets immobiliers ou d'objets mobiliers d'une valeur supérieure à 3,000 francs, et au préfet en conseil de préfecture, dans les autres cas. (*Loi du* 18 *juillet* 1837, *art*. 59.)

II° — Du principe que l'homologation royale ou préfectorale ne constitue qu'un acte de tutelle administrative qui ne peut empêcher les tribunaux d'examiner la validité intrinsèque de la transaction, sur le recours soit des tiers, soit de la commune elle-même ou de l'une de ses sections, il suit:

Que les tribunaux sont compétens pour juger les exceptions de dol et de fraude, et les autres moyens de droit civil articulés contre la transaction. (Voir les arrêts du conseil du 26 octobre 1825, *commune de Navilly contre Damotte*; du 17 mai 1833, *commune de Bonneuil contre Cagnard-Damainville*; du 21 novembre 1834, *commune de Troissereux contre Bourrée de Corberon*.)

CHAPITRE XIV. — DONS ET LEGS.

I° — Du principe que tout ce qui altère, par des voies extraordinaires, en détriment ou en gain, la fortune des communes, doit être soumis, tant dans l'intérêt des communes que dans l'intérêt des tiers, à l'approbation de l'autorité supérieure, il suit:

Qu'au roi, en son conseil d'état, sur délibération des conseils municipaux, l'avis du préfet et du sous-préfet, ou au préfet selon les cas, il appartient de permettre, refuser ou restreindre l'acceptation des dons et legs faits aux communes;

Qu'ainsi pour les dons et legs d'objets immobiliers, les délibérations des conseils municipaux ayant pour objet l'acceptation ne sont exécutoires qu'en vertu d'une ordonnance du roi;

Qu'il en est de même lorsqu'il s'agit d'objets mobiliers ou de sommes d'argent dont la valeur excède 3,000 francs, ou s'il y a réclamation des prétendans droit à la succession;

Qu'une ordonnance royale est aussi nécessaire pour l'exécution des délibérations qui portent refus de dons et legs;

Qu'il suffit d'un arrêté préfectoral pour rendre exécutoires les délibérations des conseils municipaux ayant pour objet l'acceptation d'objets mobiliers ou de sommes d'argent dont la valeur n'excède pas 3,000 francs;

Que le maire peut toujours, à titre conservatoire, accepter les dons et legs, en vertu de la délibération du conseil municipal. L'arrêté du préfet ou l'ordonnance du roi qui intervient ensuite a effet du jour de cette acceptation (*loi du* 18 *juillet* 1837, *art*. 48);

Ces garanties sont sagement graduées.

Qu'une commune qui n'est pas autorisée à accepter, est sans qualité pour réclamer l'exécution d'un legs. (Voir l'arrêt de la cour de cassation du 7 juillet 1834.)

II° — Du principe que chaque autorité doit rester dans la sphère des attributions qui lui sont conférées par la loi ou les réglemens, il suit:

Que le ministre chargé de l'administration communale excèderait ses pouvoirs s'il rejetait une demande, formée par une commune pour l'acceptation d'un don ou d'un legs, sur laquelle il appartenait au roi de statuer. La décision du ministre peut être attaquée devant le conseil d'état par la voie contentieuse. (Voir les arrêts du conseil du 12 janvier 1835, *l'hospice de Compiègne contre les héritiers Go-bard; du 6 janvier 1830, commune de Croissy.*)

III°— Du principe que l'examen royal ou préfectoral n'est qu'un acte de tutelle et d'équité, il suit :

Que les tribunaux sont compétens pour statuer, indépendamment de toute autorisation administrative, soit sur la capacité du légataire, soit sur le droit des tiers, soit sur la validité de la disposition entre-vifs ou testamentaire.

CHAPITRE XV. — DES TRAVAUX COMMUNAUX.

Les travaux communaux sont de deux sortes. Les uns sont exécutés dans le seul intérêt économique de la commune; les autres, quoique communaux par leur but immédiat, ont un caractère d'utilité générale: tels sont, par exemple, ceux qui ont pour objet les églises ou les voies vicinales de grande communication.

I° —Les travaux de la seconde espèce sont adjugés dans la forme employée pour les travaux publics proprement dits, c'est-à-dire dont les résultats sont d'un intérêt général.

Dès lors, l'autorité administrative (c'est-à-dire les conseils de préfecture sauf recours au conseil d'état) est compétente pour statuer sur les difficultés qui peuvent s'élever,

1° Soit entre les communes et les entrepreneurs sur le sens et l'exécution des marchés (voir les arrêts du conseil du 7 février 1809, *ville de Marseille contre de Chardigny;* du 24 mars 1824, *ville d'Argentan contre Ernult;* du 13 juillet 1825, *Bourguignon contre la commune de Coges;* du 9 novembre 1836, *François contre les communes de Premery et de Champlemy;* du 31 août 1837, *Saigne contre la ville de Paris;* mais rapprochez les arrêts du 29 août 1821, *la ville de Poitiers contre Mathé;* du 17 avril 1822, *commune d'Anglès contre Viallèle;* du 26 octobre 1825, *Mathurel contre les hospices de Paris;* du 19 décembre 1827, *Costain contre la commune de Malachère;* du 10 avril 1829, *commune de Mollans contre Bazin;* du 2 septembre 1829, *ville de Dunkerque contre Bourdon;* du 31 décembre 1831, *Benard et Lavenas contre la commune de Beaumont-le-Roger.*)

—Si un pont, établi par une commune pour la communication de plusieurs communes, vient à périr, avant la réception des travaux et sans que la commune ait été mise en demeure de le recevoir, l'entrepreneur doit en supporter la perte. (Voir l'arrêt du conseil du 13 juillet 1825, *Bourguignon contre la commune de Coges.*)

2° Soit entre les communes et les architectes pour la responsabilité des travaux dont la direction leur a été confiée. (Voir l'arrêt du conseil du 16 novembre 1835, *Perrin contre la commune d'Eloyes,* qui contient le dernier état de la jurisprudence sur la question ; mais rapprochez les arrêts du 19 décembre 1827, *Costain contre la commune de Malachère;* du 25 avril 1828, *Urbain contre la commune d'Alincourt;* du 13 juillet 1828, *Pambet contre la commune de Passavant;* du 16 décembre 1830, *Souchon et Louzon contre Masson et la commune de Metz-le-Comte.*)

—Un architecte peut, en sa qualité d'architecte et par la seule acceptation de la direction des travaux de l'église d'une commune, direction pour laquelle il lui est alloué sur les fonds desdits travaux des honoraires proportionnels aux sommes dépensées, être responsable des vices de construction, qui résulteraient du défaut de surveillance.

La responsabilité est surtout incontestable, lorsque l'article 1702 du Code civil se trouvait rappelé dans une instruction du préfet concernant les travaux publics et dont il a été donné connaissance officielle à l'architecte.

Mais si, d'après le cahier des charges, les entrepreneurs se sont engagés à garantir la solidité des ouvrages pendant l'an et jour à dater de la réception définitive des travaux, indépendamment de la garantie de dix ans imposée par les articles 1792 et 2270 du Code civil, la responsabilité de l'architecte, coupable de négligence, ne doit être encourue que subsidiairement et dans le cas seulement d'insolvabilité des entrepreneurs (voir l'arrêt du conseil du 20 juin 1837, *Perrin contre la commune d'Éloyes*).

3° Soit entre les particuliers et les entrepreneurs pour dommages causés à leurs propriétés (voir l'arrêt du conseil du 24 décembre 1823, *Julien contre Barbe*; et rapprochez les arrêts du 16 février 1826, *Meilhou contre Tiffon et la commune d'Espéraza*; du 19 juin 1828, *Peraldi contre Exiga*).

II° — Quant aux travaux d'une utilité purement communale, qui rentrent surtout dans le cadre de ce travail, c'est l'autorité judiciaire qui prononce sur les difficultés qui s'élèvent, soit entre la commune, les architectes ou les entrepreneurs, soit entre ceux-ci et des particuliers. (Voir les arrêts du conseil, du 29 août 1821, *la ville de Poitiers contre Mathé*; du 17 avril 1822, *commune d'Anglès contre Viellèle*; du 26 octobre 1825, *Mathurel contre les hospices de Paris*; du 19 décembre 1827, *Costain contre la commune de Malachère*; du 19 avril 1829, *commune de Mollans contre Bazin*; — du 2 septembre 1829, *ville de Dunkerque contre Bourdon*; du 31 décembre 1831, *Benard et Lavenas contre la commune de Beaumont-le-Roger*; — du 25 avril 1828, *Urbain contre la commune d'Alincourt*; du 13 juillet 1828, *Pambet contre la commune de Passavant*; du 16 décembre 1830, *Souchon et Louzon contre la commune de Metz-le-Comte*; — du 16 février 1826, *Meilhou contre Tiffon et la commune d'Espéraza*; du 19 juin 1828, *Peraldi contre Exiga*.)

L'autorité judiciaire est compétente pour prononcer sur une contestation existante entre une ville et les héritiers d'un architecte, à raison des honoraires qui seraient dûs à ce dernier pour les changemens introduits dans les plans et devis d'un asile d'aliénés qu'il aurait faits, pour le compte de ladite ville, comme auteur d'un projet couronné sur concours et non comme son architecte en titre, lorsque l'architecte a été chargé des changemens par le maire, après délibération du conseil municipal, sans l'intervention de l'autorité supérieure; lorsqu'enfin le réglement des sommes qui peuvent être dues aux héritiers ne résulte d'aucun acte administratif, qu'il y a seulement un arrêté du maire qui offre une somme déterminée (voir l'arrêt du conseil, du 27 octobre 1837; *les héritiers Penchaud contre la ville de Marseille*).

III° — Du principe que les travaux sont de nature à compromettre la fortune des communes et que, dès lors, ils ne doivent être entrepris que, en cas d'utilité bien constatée, il suit :

Qu'aucune construction nouvelle ou reconstruction entière ou partielle ne peut être autorisée que sur la production des projets et devis ;

Que ces projets et devis doivent être soumis à l'approbation préalable du ministre compétent, quand la dépense excède 30,000 francs, et à celle du préfet quand elle est moindre (voir la loi du 18 juillet 1837, art. 45);

Que lorsqu'un même travail intéresse plusieurs communes, les conseils municipaux sont appelés à délibérer sur leurs intérêts respectifs et sur la part dans la dépense que chacune d'elles devra supporter, sauf l'approbation du préfet, et que, en cas de désaccord entre les conseils municipaux, le préfet prononce après avoir entendu les conseils d'arrondissement et le conseil général; que si les conseils municipaux appartiennent à des départemens différens, il sera statué par ordonnance royale;

Que, toutefois, en cas d'urgence, le préfet est compétent pour ordonner les travaux et pourvoir à la dépense, à l'aide d'un rôle provisoire. (*Ibid., art.* 72, 73 *et* 74.)

CHAPITRE XVI.— DES BUDGETS COMMUNAUX.

Les budgets communaux se divisent en deux parties : dépenses et recettes.

Les dépenses sont obligatoires ou facultatives. Les recettes sont ordinaires ou extraordinaires. (Voir la loi du 18 juillet 1837, art. 30, 31 et 32.)

Du principe que l'agent qui a la gestion des biens de la commune et le conseil qui l'assiste, doivent concourir à l'établissement des recettes et des dépenses, sous le contrôle régularisateur de l'autorité départementale ou gouvernementale, selon l'importance graduée des budgets, il suit :

1° Que c'est au maire à proposer le budget, au conseil municipal à le voter, au préfet et au gouvernement à le régler en définitive. (*Loi du* 18 *juillet* 1837, *art.* 33.)

La formation des budgets et les dépenses à y porter ne peuvent être soumises à l'autorité des conseils de préfecture. (Voir l'arrêt du conseil du 23 décembre 1835, *les héritiers Collet contre la commune de Brosses*.)

C'est au préfet qu'il appartient d'interpréter un article d'un budget par lui approuvé. L'arrêté interprétatif peut être déféré au ministre de l'intérieur, mais non directement au conseil d'état. (Voir l'arrêt du conseil du 8 janvier 1836, *Thibault contre la commune de Brie-Comte-Robert*.)

2° Que les dépenses proposées au budget d'une commune peuvent être rejetées ou réduites par l'ordonnance du roi ou par l'arrêté du préfet qui règle le budget, sans pouvoir être augmentées, si elles ne sont obligatoires. (*Ibid., art.* 36 *et* 38.)

3° Que si un conseil municipal n'allouait pas les fonds exigés pour une dépense obligatoire, ou n'allouait qu'une somme insuffisante, l'allocation nécessaire serait inscrite au budget, après délibération préalable du conseil municipal, par ordonnance du roi, pour les communes dont le revenu est de 100,000 francs et au dessus, et par arrêté du préfet en conseil de préfecture, pour celles dont le revenu est inférieur. (*Ibid., art.* 39.)

4° Que les crédits qui peuvent être reconnus nécessaires après le règlement du budget doivent être délibérés comme le budget lui-même et autorisés par le préfet, dans les communes dont il est appelé à régler le budget, et par le ministre dans les autres communes; que toutefois les crédits supplémentaires pour dépenses urgentes peuvent même, dans ces dernières communes, être approuvés par le préfet. (*Ibid., art.* 34.)

5° Que, lorsqu'il s'agit de contributions extraordinaires destinées à subvenir aux dépenses obligatoires, les délibérations du conseil municipal qui les concernent ne sont exécutoires qu'en vertu d'un arrêté du préfet, s'il est question d'une commune ayant moins de

100,000 francs de revenu et d'une ordonnance du roi, s'il s'agit d'une commune ayant un revenu supérieur;

Que, dans le cas où la contribution extraordinaire aurait pour but de subvenir à d'autres dépenses que les dépenses obligatoires, elle ne peut être autorisée que par ordonnance du roi, s'il s'agit d'une commune ayant moins de 100,000 francs de revenu, et par une loi, s'il s'agit d'une commune ayant un revenu supérieur. (*Ibid.*, art. 40.)

6° Qu'aucun emprunt ne peut être autorisé que par ordonnance du roi, rendue dans les formes des règlemens d'administration publique, pour les communes ayant moins de 100,000 francs de revenu, et par une loi, s'il s'agit d'une commune ayant un revenu supérieur;

Que néanmoins, en cas d'urgence et dans l'intervalle des sessions, une ordonnance du roi, rendue dans la forme des règlemens d'administration publique, pourra autoriser les communes dont le revenu est de 100,000 francs et au dessus à contracter un emprunt jusqu'à concurrence du quart de leurs revenus. (*Ibid.*, art. 41.)

7° Que les tarifs de droits de voirie sont réglés par ordonnance du roi, rendue dans la forme des règlemens d'administration publique. (*Ibid.*, art. 43.)

8° Que les taxes particulières dues par les habitans ou propriétaires, en vertu des lois et usages locaux, sont réparties par délibération du conseil municipal approuvée par le préfet, et que ces taxes doivent être perçues suivant les formes établies par le recouvrement des contributions publiques. (*Ibid.*, art. 44.)

CHAPITRE XVII. — COMPTABILITÉ COMMUNALE.

I° — Du principe que la comptabilité communale doit être placée sous le contrôle et la surveillance de l'autorité publique, afin que nulle dépense n'excède les crédits ouverts au budget, que les recettes soient effectuées dans leur entier, et que les formes générales tracées par l'administration, servent de loi à tous les comptables, il suit:

Que c'est à l'autorité qui est chargée d'approuver les budgets qu'il appartient de prononcer sur l'admission des dépenses dans ces budgets, en un mot, sur tous les faits d'ordonnancement. (Voir les arrêts du conseil du 17 juillet 1816, *Piquet contre la commune de Luxeuil;* du 23 décembre 1835, *héritiers Collet contre la commune de Brosses;* du 8 janvier 1836, *Thibault contre la commune de Brie-Comte-Robert.*)

II° — Du principe que les fonctions de l'ordonnateur sont et doivent toujours rester distinctes de celles du comptable, et que l'ordonnateur se fait comptable en recevant et employant les deniers de la commune, il suit :

Que, dans ce cas, l'ordonnateur est soumis à la juridiction chargée de prononcer sur les comptes des comptables, c'est-à-dire des conseils de préfecture, sauf recours à la cour des comptes pour les communes dont les revenus n'excèdent pas 30,000 francs, et de la cour des comptes directement pour les autres communes (voir les arrêts du conseil du 7 mai 1828, *Billery contre la commune de Voncourt;* du 6 janvier 1830, *ministre de l'intérieur contre Gallofre;* du 5 mai 1831, *Daugy contre la commune de la Guiche;* du 5 mai 1831, *Bernard contre la commune de Gilly-sur-Loire;* du 25 octobre 1833, *Vignal contre la commune de Fournols;* du 7 août 1835, *le ministre de l'intérieur contre Grozelier:* voir aussi la loi du 18 juillet 1837, art. 66);

Que les maires, dans ce cas, peuvent être contraints par le séquestre de leurs meubles et immeubles, et qu'il peut être pris inscription sur leurs biens. (*Art.* 2121 *du Code civil; arrêt de la cour des comptes,* 25 *juillet* 1835.)

ORDONNANCE DU ROI.

Ordonnance du roi, du 14 novembre 1837, concernant les adjudications des marchés passés par les communes et par les établissemens publics.

Louis-Philippe, roi des Français, etc.,

Sur le rapport de notre ministre secrétaire d'état au département de l'intérieur ;

Vu le décret du 10 brumaire an 14, concernant les travaux qui s'exécutent au compte des hospices et des établissemens de charité ;

Vu le décret du 17 juillet 1803, qui a étendu aux communes les dispositions du précédent ;

Vu l'ordonnance royale du 4 décembre 1836, portant réglement sur les formes à suivre dans les marchés passés au compte de l'état ;

Vu la loi du 18 juillet 1837 ;

Notre conseil d'état entendu,

Nous avons ordonné et ordonnons ce qui suit :

Art. 1er. Toutes les entreprises pour travaux et fournitures au nom des communes et des établissemens de bienfaisance seront données avec concurrence et publicité, sauf les exceptions ci-après :

Art. 2. Il pourra être traité de gré à gré, sauf approbation par le préfet, pour les travaux et fournitures dont la valeur n'excédera pas 3,000 fr.

Il pourra également être traité de gré à gré, à quelque somme que s'élèvent les travaux et fournitures, mais avec l'approbation du ministre de l'intérieur :

1° Pour les objets dont la fabrication est exclusivement attribuée à des porteurs de brevets d'invention ou d'importation ;

2° Pour les objets qui n'auraient qu'un possesseur unique ;

3° Pour les ouvrages et les objets d'art et de précision, dont l'exécution ne peut être confiée qu'à des artistes éprouvés ;

4° Pour les exploitations, fabrications et fournitures qui ne seraient faites qu'à titre d'essai ;

5° Pour les matières et denrées qui, à raison de leur nature particulière et de la spécialité de l'emploi auquel elles sont destinées, doivent être achetées et choisies aux lieux de production, ou livrées sans intermédiaires par les producteurs eux-mêmes ;

6° Pour les fournitures ou travaux qui n'auraient été l'objet d'aucune offre aux adjudications, et à l'égard desquels il n'aurait été proposé que des prix inacceptables ; toutefois, l'administration ne devra pas dépasser le maximum arrêté conformément à l'article 7 ;

7° Pour les fournitures et travaux qui, dans les cas d'urgence absolue et dûment constatée, amenés par des circonstances imprévues, ne pourraient pas subir les délais des adjudications.

Art. 3. Les adjudications publiques relatives à des fournitures, à des travaux, à des exploitations ou fabrications qui ne pourraient être, sans inconvénient, livrées à une concurrence illimitée, pourront être soumises à des restrictions qui n'admettront à concourir que des personnes préalablement reconnues capables par l'administration, et produisant les titres justificatifs exigés par les cahiers des charges.

Art. 4. Les cahiers des charges détermineront la nature et l'importance des garanties que les fournisseurs ou entrepreneurs auront à produire, soit pour être admis aux adjudications, soit pour répondre de l'exécution de leurs engagemens. Ils détermineront aussi l'action que l'administration exercera sur ces garanties, en cas d'inexécution de ces engagemens.

Il sera toujours et nécessairement stipulé que tous les ouvrages exécutés par les entrepreneurs, en dehors des autorisations régulières, demeureront à la charge personnelle de ces derniers, sans répétition contre les communes ou les établissemens.

Art. 5. Les cautionnemens à fournir par les adjudicataires seront réalisés à la diligence des receveurs des communes et des établissemens de bienfaisance.

Art. 6. L'avis des adjudications à passer sera public, sauf les cas d'urgence, un mois à l'avance, par la voie des affiches et par tous les moyens ordinaires de publicité.

Cet avis fera connaître :

1° Le lieu où l'on pourra prendre connaissance du cahier des charges ;

2° Les autorités chargées de procéder à l'adjudication ;

3° Le lieu, le jour et l'heure fixés pour l'adjudication.

Art. 7. Les soumissions devront toujours être remises cachetées, en séance publique. Un *maximum* de prix ou *minimum* de rabais, arrêté d'avance par l'autorité qui procède à l'adjudication, devra être déposé cacheté sur le bureau, à l'ouverture de la séance.

Art. 8. Dans le cas où plusieurs soumissionnaires auraient offert le même prix, il sera procédé, séance tenante, à une adjudication entre ces soumissionnaires seulement, soit sur de nouvelles soumissions, soit à extinction des feux.

Art. 9. Les résultats de chaque adjudication seront constatés par un procès-verbal relatant toutes les circonstances de l'opération.

Art. 10. Les adjudications seront toujours subordonnées à l'approbation du préfet, et ne seront valables et définitives, à l'égard des communes et des établissemens, qu'après cette approbation.

Signé LOUIS-PHILIPPE.

NOMENCLATURE

DES ÉDITS, LETTRES-PATENTES, LOIS, DÉCRETS, ARRÊTÉS, AVIS DU CONSEIL D'ÉTAT ET ORDONNANCES ROYALES CONCERNANT L'ADMINISTRATION DES COMMUNES.

Août 1683 : édit portant que l'autorisation de l'intendant de la province est nécessaire aux communes pour intenter procès.

2 Octobre 1703 : déclaration du roi relative au même objet.

Août 1764 : édit relatif aux formalités à remplir par les communes pour intenter procès.

8 Août 1783 : arrêt du conseil du roi sur le même objet.

14 Décembre 1789 : décret de l'assemblée constituante, relatif à la constitution des municipalités.

1er Mai 1790 : décret sur le desséchement des marais.

19—23 Mai 1790 : décret relatif au droit de triage.

31 Mai 1790 : lettres-patentes du roi sur un décret de l'assemblée nationale, du 21 mai, concernant la distribution des bois communaux en usance.

12—20 Août 1790 : instruction concernant les fonctions des assemblées administratives.

16—24 Août 1790 : loi sur l'organisation judiciaire.

20—27 Septembre 1790 : loi relative aux droits de triage et de cantonnement.

22 Novembre—1er décembre 1790 : loi relative au domaine de l'état et aux propriétés communales.

30 Janvier 1791 : loi relative à la propriété de différens édifices publics.

5—11 Février 1791 : loi qui règle la forme et la durée des baux faits ou à faire par les communes.

5—18 Février 1791 : loi portant qu'aucun corps administratif ne peut faire d'acquisition sans l'autorisation du corps législatif.

7—12 Février 1791 : loi portant qu'aucun corps administratif ne peut faire d'emprunt ni établir d'impositions sans l'autorisation du corps législatif.

29 Mars—3 avril 1791 : loi relative aux revenus et aux charges des communes, aux besoins qu'elles peuvent avoir, et aux moyens d'y pourvoir provisoirement.

15 Mai 1791 : loi relative aux biens des églises paroissiales ou succursales supprimées, art. 2.

19—22 Juillet 1791 : loi relative à l'organisation de la police municipale et correctionnelle.

5—10 Août 1791 : loi relative aux dettes contractées par les villes et communautés, et aux besoins qu'elles peuvent avoir.

3—19 Septembre 1791 : constitution.

6 Octobre 1791 : loi concernant les biens et usages ruraux, et la police rurale.

14 Août 1792 : loi concernant le partage des communaux.

28 Août—14 septembre 1792 : loi qui rétablit les communes dans les propriétés et droits dont elles ont été dépouillées par l'effet de la puissance féodale.

5 Juin 1793 : loi relative au paiement des dettes exigibles contractées par les municipalités, aliénataires des domaines nationaux.

10 Juin 1793 : loi concernant le mode de partage des biens communaux.

30 Juin 1793 : loi concernant la recette, la comptabilité et l'emploi des fonds provenant de la vente des bois appartenant à des communautés d'habitans.

8 Août 1793 : loi interprétative d'un article de la loi du 10 juin, sur le mode de partage des biens communaux.

24 Août 1793 : loi qui ordonne la formation du grand-livre de la dette publique, et réunit au domaine de l'état tout l'actif et le passif des communes.

2 Octobre 1793: loi qui ordonne que les procès des communes, à raison des biens communaux, etc., seront jugés par la voie de l'arbitrage.

19 Brumaire an 2 : loi relative au mode de partage des biens communaux.

11 Nivose an 2 : loi relative aux concessions des terrains provenant des lais et relais de la mer.

26 Nivose an 2: loi relative au partage de la coupe des bois communaux.

8 Pluviose an 2 : loi qui maintient provisoirement les baux des bois et forêts, dans la propriété desquels les communes sont rentrées ou rentreront à l'avenir.

27 Pluviose an 2: loi portant qu'il n'y a lieu de délibérer sur la demande en interprétation des lois des 28 août 1792 et 10 juin 1793, sur le partage des biens communaux.

28 Ventose an 2: loi sur le partage par tête des bois communaux.

23 Messidor an 2 : loi sur la prorogation du délai pour la remise des titres de créances sur les communes.

7 Brumaire an 3: loi qui suspend toute exploitation de bois dans laquelle les communes seraient entrées en vertu de sentences arbitrales.

29 Frimaire an 3: loi qui étend aux créanciers des communes les dispositions de l'article 3 de la loi du 21 frimaire an 3.

23 Ventose an 3 : loi sur l'exercice du culte.

25 Ventose an 3 : loi relative à la vente des coupes de bois dans lesquelles les communes ont été envoyées en possession en vertu de sentences arbitrales.

10 Floréal an 3 : loi concernant la suspension des coupes de bois entreprises par les communes.

29 Floréal an 3 : loi concernant les bois dont les communes ont été mises en possession.

11 Prairial an 3 : loi relative à la célébration du culte.

5 Fructidor an 3 : constitution.

10 Vendémiaire an 4 : loi sur la police intérieure des communes.

12 Prairial an 4 : loi qui déclare admissibles les demandes en cassation formées contre les jugemens d'arbitrage forcé, rendus après le 1er vendémiaire an 4.

21 Prairial an 4 : loi portant qu'il sera sursis provisoirement aux poursuites résultantes de l'exécution de la loi du 10 juin 1793, sur le partage des biens communaux.

30 Messidor an 4 : loi qui fixe un terme pour la production des titres de créances sur les communes, etc.

8 Thermidor an 4 : arrêté qui prescrit des formalités pour les coupes extraordinaires de bois.

29 Vendémiaire an 5 : loi qui règle la manière de suivre les actions dans lesquelles les communes sont seules intéressées.

2 Prairial an 5 : loi qui ôte aux communes la faculté d'aliéner ou d'échanger leurs biens.

23 Messidor an 5: arrêté qui ordonne la confection d'un état général des chemins vicinaux de chaque département.

17 Thermidor an 5 : loi relative au paiement des dépenses communales.

5 Vendémiaire an 6 : arrêté concernant le pâturage des bestiaux dans les forêts nationales.

8 Nivose an 6 : arrêté relatif aux mesures à prendre pour réprimer les désordres occasionnés par la contrebande, par application de la loi du 10 vendémiaire an 4.

24 Germinal an 6 : loi relative aux transports des contributions à raison de distraction ou d'augmentation de territoire.

28 Brumaire an 7 : loi relative aux jugemens arbitraux qui ont adjugé à des communes la propriété des forêts prétendues nationales, à l'exploitation desquelles il était sursis.

11 Frimaire an 7 : loi qui détermine le mode administratif des recettes et dépenses départementales, municipales et communales.

4 Nivose an 7 : loi relative aux adjudications de domaines nationaux, faites à des communes ou à des associations d'habitans, avant la promulgation de la loi du 24 avril 1793.

2 Vendémiaire an 8 : loi sur la manière de juger les contestations relatives aux octrois municipaux.

22 Frimaire an 8 : constitution.

28 Pluviose an 8 : loi concernant la division du territoire français et l'administration.

13 Plairial an 8 : avis sur l'application de la loi du 10 vendémiaire an 4.

9 Messidor an 8 : arrêté relatif aux conseils municipaux des communes dont la population est de 100,000 habitans et au dessus.

12 Messidor an 8 : arrêté qui détermine les fonctions du préfet de police.

13 Thermidor an 8 : arrêté relatif au mode d'approbation des tarifs et réglemens pour la perception des octrois municipaux.

25 Vendémiaire an 9 : arrêté relatif à la composition des corps municipaux des communes.

11 Frimaire an 9 : loi relative aux jugemens arbitraux obtenus par les communes, touchant la propriété de forêts prétendues nationales.

7 Germinal an 9 : arrêté relatif aux baux à longues années des biens ruraux appartenant aux hospices, aux établissemens d'instruction publique et aux communautés d'habitans.

23 Prairial an 9 : arrêté relatif à une délibération illégalement prise par un conseil municipal, sur une aliénation de propriété, avec disposition du prix sans participation des autorités supérieures.

27 Messidor an 9 : arrêté qui annule, pour cause d'incompétence, des actes d'administration relatifs à la cession d'un terrain communal.

17 Vendémiaire an 10 : arrêté relatif aux formalités nécessaires pour intenter action contre les communes.

26 Brumaire an 10 : arrêté qui rétablit les communes dans la jouissance des amendes de police.

19 Frimaire an 10 : arrêté relatif au mode de partage des bois communaux d'affouage.

13 Nivose an 10 : arrêté qui annule celui pris par un conseil de préfecture, sur une demande tendante à aliénation de propriété communale.

29 Nivose an 10 : arrêté qui annule une convention souscrite par un maire pour l'aliénation d'un terrain, sans autorisation du conseil municipal et estimation préalable.

3 Pluviose an 10 : arrêté qui annule celui d'un conseil de préfecture, contenant avis sur une demande en imposition extraordinaire formée par une commune.

3 Ventose an 10 : arrêté relatif à l'exercice de la police dans les communes dont le territoire s'étend sur deux départemens.

19 Ventose an 10 : arrêté relatif à l'administration des bois communaux.

4 Thermidor an 10 : arrêté relatif à une convocation extraordinaire de conseils municipaux.

9 Fructidor an 10 : arrêté qui annule une décision par laquelle un conseil de préfecture a approuvé les devis et l'imposition sur une commune des frais de réparation d'un four banal.

9 Fructidor an 10 : arrêté relatif à une éviction prononcée en matière de partage de marais communal.

8 Brumaire an 11 : avis portant que les baux des communes, etc., qui n'excèdent pas neuf ans consécutifs, ne sont pas des baux à longues années.

12 Brumaire an 11 : arrêté qui annule les dispositions d'un jugement qui, en prononçant des condamnations contre une commune, a réglé le mode d'exécution sur les habitans.

6 Nivose an 11 : arrêté relatif aux baux des eaux minérales.

4 Pluviose an 11 : avis du conseil d'état sur l'amnistie à accorder aux communes, etc., pour délits forestiers (inédit).

28 Pluviose an 11 : avis relatif aux baux des communes.

28 Ventose an 11 : loi relative aux droits de pâturage, pacage, etc., dans les forêts nationales.

17 Germinal an 11 : arrêté relatif aux dépenses des communes.

18 Germinal an 11 : arrêté relatif aux traitemens des ministres du culte, et autres dépenses accessoires.

19 Germinal an 11 : loi concernant les communes auxquelles les tribunaux ont adjugé des droits de propriété ou d'usage dans les forêts nationales.

24 Germinal an 11 : arrêté relatif à la manière dont les contestations entre les différentes sections d'une même commune doivent être suivies devant les tribunaux.

26 Germinal an 11 : loi relative au paiement des contributions assises sur les biens communaux.

3 et 17 Floréal an 11 : lois qui autorisent des acquisitions, aliénations, ventes, échanges, impositions extraordinaires, etc.

9 Floréal an 11 : loi relative au régime des bois appartenant aux particuliers, aux communes, etc.

4e jour complémentaire an 11 : arrêté qui prescrit de nouvelles mesures pour réprimer les délits concernant l'introduction des marchandises anglaises, par application de la loi du 10 vendémiaire an 4.

19 Vendémiaire an 12 : arrêté relatif aux poursuites à exercer par les receveurs des communes, etc. , pour la perception des revenus de ces établissemens.

21 Frimaire an 12 : arrêté relatif aux formalités à observer pour les transactions entre des communes et des particuliers, sur des droits de propriété.

5 Nivose an 12 : arrêté relatif aux remboursemens des rentes dues aux communes, qui ont été effectués dans les caisses publiques, depuis le 24 août 1793 jusqu'au 2 prairial an 5.

17 Nivose an 12 : arrêté relatif au mode de paiement des salaires des gardes de bois communaux.

4 Pluviose an 12 : Code civil, art. 537, 542, 619, 643, 649. 650, 910, 937, 940, 1598, 1712, 2045, 2121, 2227.

9 Ventose an 12 : loi relative au partage des biens communaux, effectué en vertu de la loi du 10 juin 1793.

14 Ventose an 12 : loi qui proroge le délai accordé pour la production des titres relatifs aux droits d'usage dans les forêts nationales.

5 Germinal an 12 : avis du conseil d'état relatif à la responsabilité des communes envers les maires pour attentats commis contre eux (inédit).

17 Germinal an 12 : avis du conseil d'état retiré du tableau par ordre du premier consul, et relatif à la révision des jugemens rendus au profit des communes, depuis le 1er janvier 1789 (inédit).

23 Prairial an 12 : décret sur les sépultures.

9 Brumaire an 13 : décret relatif au mode de jouissance des biens communaux.

22 Frimaire an 13 : décret confirmatif d'un arrêté qui annule un partage de marais communaux.

29 Frimaire an 13 : avis sur les propriétés communales qui sont susceptibles d'être réunies au domaine national, et celles qui ne peuvent y être réunies, à raison des dettes des communes, dont l'état est chargé.

3 Nivose an 13 : avis du conseil d'état relatif aux dettes des communes (inédit.)

8 Nivose an 13 : décret relatif au mode de paiement du traitement accordé aux desservans et vicaires des succursales.

15 Nivose an 13 : avis du conseil d'état, sur le mode d'autoriser les communes à aliéner, échanger, acquérir, etc. (inédit).

17 Nivose an 13 : décret relatif au mode de jouissance des droits de pâturage, etc., dans les bois et forêts.

6 Pluviose an 13 : avis portant que les églises et presbytères abandonnés aux communes, en exécution de la loi du 18 germinal an 10, doivent être considérés comme propriétés communales.

30 Pluviose an 13 : avis relatif au droit de pêche dans les rivières non navigables.

5 Floréal an 13 : avis concernant les formalités d'un procès-verbal des officiers municipaux, en cas de responsabilité des communes.

23 Prairial an 13 : décret qui autorise les maires à affermer le droit de chasse dans les bois communaux.

4 Fructidor an 13 : avis du conseil d'état, portant rejet de la proposition d'auto-

riser les préfets à délivrer des ordonnances sur les fonds communaux, avant leur versement à la caisse d'amortissement (inédit).

4 Jour complémentaire an 13 : décret additionnel à celui du 9 ventose an 12, sur les partages de biens communaux.

11 Brumaire an 14 : avis portant qu'il n'y a pas lieu de rétablir, en faveur des communes, les banalités de leurs usines.

10 Février 1806 : avis du conseil d'état sur le mode de délimitation des communes (inédit).

21 Mars 1806 : décret qui ordonne, pour la formation d'un fonds commun de travaux publics, un prélèvement sur le produit des coupes des quarts en réserve des bois communaux.

22 Mars 1806 : loi relative au mode de paiement des bois des communes qui n'ont pas de revenus.

26 Avril 1806 : décret contenant cession aux communes, des halles dont la régie des domaines est en possession.

14 et 24 Mars 1806 : Code de procédure, art. 49, 69, 83, 481, 1032.

5 Mai 1806 : décret relatif au logement des ministres du culte protestant, et à l'entretien des temples.

4 Juin 1806 : décret qui rapporte les arrêtés des 9 messidor an 8 et 8 pluviose an 9, relatifs aux conseils municipaux.

20 Juin 1806 : décret qui ordonne le partage et jouissance des biens communaux par pièces, et défend le mode de jouissance réglé par l'étendue des propriétés de chaque habitant.

3 Juillet 1806 : avis sur les actions à intenter par les communes.

20 Juillet 1807 : avis sur le mode de partage des biens communaux dont deux communes sont propriétaires par indivis.

12 Août 1807 : avis portant qu'on ne peut faire opposition sur les fonds des communes déposés dans la caisse d'amortissement.

18 Août 1807 : décret sur le mode d'acceptation des dons et legs faits aux communes, etc.

18 Août 1807 : avis sur les rentes pour concessions de bancs sous les halles.

15 Septembre 1807 : budget.

16 Septembre 1807 : loi relative au desséchement des marais.

2 Février 1808 : décret relatif au traitement des desservans des succursales.

26 Avril 1808 : avis sur le mode de partage des bois possédés en indivis par plusieurs communes.

10 Mai 1808 : décret relatif à la création de bourses dans les lycées.

29 Mai 1808 : avis sur les formalités à observer pour les demandes d'un nouveau mode de jouissance des biens communaux.

3 Juillet 1808 : avis sur les actions à intenter contre les communes, en matière de banalités conventionnelles.

17 Juillet 1808 : avis sur l'application de l'article 9 de la loi du 9 ventose an 12 aux biens communaux non partagés.

17 Juillet 1808 : avis sur une transaction passée entre une commune et un ci-devant seigneur, relativement à des landes et terrains vagues.

21 Décembre 1808 : avis sur le mode de remboursement des rentes et créances des communes et fabriques.

4 Mai 1809 : décret qui annule l'autorisation donnée par un conseil de préfecture à un maire, pour recevoir un legs fait aux habitans de sa commune.

4 Juin 1809 : avis sur un échange proposé pour avoir le droit de faire construire une tribune particulière dans le chœur d'une église.

4 Juin 1809 : avis du conseil d'état sur les formes d'approbation des transactions faites par les communes sur droits immobiliers (inédit).

18 Juin 1809 : avis sur la compétence en matière d'usurpation de bois communaux.

1er Juillet 1809 : décret concernant les attributions des communes et des hospices, dans les amendes de police.

31 Octobre 1809 : avis du conseil d'état (non approuvé), portant qu'il y a lieu de vendre, comme biens nationaux, les biens abandonnés par les communes, en vertu des lois des 10 juin, 24 août 1793 et 2 prairial an 5 (inédit).

30 Décembre 1809 : décret concernant les fabriques des églises.

3 Janvier 1810 : décret portant que les budgets des communes ayant plus de 10,000 francs de revenus seront arrêtés par le chef du gouvernement.

14 Février 1810 : loi relative aux revenus des fabriques des églises.

15 Mars 1810 : avis sur une question relative au remboursement d'une somme avancée par le trésor public, pour une commune qui n'a point de propriétés.

23 Avril 1810 : décret portant donation aux villes de casernes et autres bâtimens militaires, à la charge de les entretenir.

16 Juillet 1810 : décret qui règle le mode d'autorisation pour l'emploi du produit des remboursemens faits aux communes, etc.

28 Août 1810 : avis sur un rapport du ministre de l'intérieur, tendant à faire autoriser une commune à accepter une rente offerte par une confrérie.

21 Septembre 1810 : avis relatif à l'exercice de la police dans plusieurs communes.

15 Octobre 1810 : décret concernant les champs de manœuvres à fournir par les villes de garnison.

14 Décembre 1810 : avis sur la question de savoir si les communes qui obtiennent une annexe ou une chapelle doivent contribuer aux frais du culte paroissial.

11 Janvier 1811 : décret relatif à des dépenses pour travaux exécutés dans une ville, sans l'observation des formes voulues par la loi.

27 Février 1811 : décret relatif à la comptabilité des receveurs des communes.

27 Février 1811 : avis relatif au droit d'enregistrement des acquisitions faites pour le compte des communes, etc.

5 Avril 1811 : décret relatif à une acquisition faite par un préfet au nom d'une commune, sans autorisation du chef du gouvernement en conseil d'état.

9 Avril 1811 : décret portant concession gratuite aux départemens et communes de la pleine propriété des édifices et bâtimens nationaux actuellement occupés pour le service de l'administration, etc.

6 Juin 1811 : décret qui règle le mode de jouissance des marais communaux, et déclare comme non avenus des jugemens rendus sur cet objet.

4 Août 1811 : décret relatif aux travaux d'entretien et de réparation des routes, etc., à la charge des communes, dans les places de guerre.

6 Août 1811 : avis sur la proposition d'autoriser une commune à acquérir du minage et une portion de halle.

1ᵉʳ Septembre 1811 : avis sur l'acquisition faite par un maire, au nom de deux communes, d'une maison destinée au logement du desservant.

3 Septembre 1811 : avis sur les demandes d'acquisition de maisons ou terrains pour l'embellissement ou l'utilité des villes ou communes.

16 Septembre 1811 : décret sur le mode d'administration des bâtimens militaires appartenant aux communes dans les places de guerre, etc.

9 Octobre 1811 : avis sur un échange proposé pour une commune.

17 Novembre 1811 : avis sur la demande d'autoriser une commune à accorder à des particuliers un droit exclusif d'extraction de pierres à ardoises par galeries souterraines.

22 Décembre 1811 : avis du conseil d'état, portant qu'il n'y a pas lieu de mettre à la charge des communes les passe-ports des indigens (inédit).

17 Avril 1812 : décret qui statue sur le pourvoi d'une commune contre un arrêté de conseil de préfecture, qui n'avait pas été signifié à cette commune.

24 Août 1812 : décret relatif au traitement des receveurs municipaux des communes qui ont 10,000 francs et plus de revenus.

28 Août 1812 : décret concernant les biens des communes.

7 Octobre 1812 : avis portant qu'il n'y a pas lieu d'autoriser une commune à s'imposer extraordinairement pour acquitter des frais mal à propos mis à sa charge.

7 Octobre 1812 : avis sur l'autorisation à accorder à des communes de s'imposer extraordinairement pour subvenir aux frais du culte.

17 Janvier 1813 : décret relatif au pourvoi des habitans d'une commune contre un arrêté de préfet, qui enjoint à cette commune de comprendre dans la distribution de son affouage les habitans d'un hameau voisin.

31 Janvier 1813 : décret relatif au mode d'acquittement des salaires des gardes de bois communaux, qui sont à la charge des communes.

2 Juin 1819 : ordonnance sur le droit qu'ont les communes de contraindre les propriétaires des halles à leur vendre ou louer ces établissemens.

23 Juin 1819 : ordonnance relative à la réintégration des communes dans leurs droits sur les biens communaux usurpés.

23 Août 1819 : ordonnance sur l'érection de cinq cents nouvelles succursales.

1er Septembre 1819 : ordonnance qui déclare que le particulier, qui a plaidé contre une commune, ne doit point être compris dans la répartition des impositions destinées à couvrir les frais.

15 Décembre 1819 : ordonnance sur les bourses attribuées aux communes, dans les colléges royaux.

19 Février 1820 : ordonnance sur l'emploi des amendes.

6 Septembre 1820 : ordonnance sur les demandes en autorisation de plaider contre les communes.

29 Novembre 1820 : ordonnance sur la nomination et révocation des gardes champêtres.

10 Février 1821 : ordonnance relative à la perception d'une imposition extraordinaire dans une commune, pour paiement de frais de pavage.

23 Avril 1821 : ordonnance qui fixe le rang des bonnes villes du royaume.

8 Août 1821 : ordonnance sur l'administration des villes et communes du royaume.

5 Septembre 1821 : ordonnance relative à l'emploi des fonds provenant des coupes extraordinaires des bois des communes, etc.

21 Septembre 1821 : avis des comités de législation et de l'intérieur, relatif à l'application de la loi de 10 vendémiaire an 4.

16 Novembre 1821 : ordonnance portant réglement pour les bourses dans les colléges royaux.

26 Avril 1823 : ordonnance sur les recettes et la comptabilité des communes.

23 Mai 1823 : loi de finances, titre II, article 3.

15 Juillet 1824 : ordonnance du roi, qui détermine les formes dans lesquelles seront réglés les comptes des receveurs des octrois.

28 Juillet 1824 : loi relative aux chemins vicinaux.

31 Mars 1825 : ordonnance du roi, relative au recouvrement, à titre de placement en compte courant au trésor royal, du quart du produit des coupes extraordinaires des bois des communes et établissemens publics dont l'adjudication excédera 5,000 fr.

31 Août 1830 : ordonnance portant que le prix des acquisitions immobilières faites par les communes pourra, s'il n'excède pas 100 fr., être payé sans que les formalités pour la radiation et la purge légale des hypothèques aient été accomplies.

7 Octobre 1830 : ordonnance relative à diverses circonscriptions communales (Moselle), par suite de réunion de portions de territoire détenues depuis 1816 par la Prusse.

28 Décembre 1830 : ordonnance relative aux formalités des pourvois devant la cour des comptes en matière de comptabilité communale.

1er Mars 1835 : ordonnance relative à la comptabilité des communes et des établissemens de bienfaisance.

23 Mai 1835 : loi relative aux baux des biens ruraux des communes, hospices et autres établissemens publics.

18 Juillet 1837 : loi sur l'administration municipale.

18 Septembre 1837 : ordonnance royale relative à la surveillance et à la responsabilité des receveurs des communes et des établissemens de bienfaisance.

27 Septembre 1837 : ordonnance royale qui détermine la gestion à partir de laquelle seront appliquées les dispositions de l'article 66 de la loi du 18 juillet 1837 relatives à l'apurement des comptes des receveurs des communes et des établissemens de bienfaisance.

14 Novembre 1837 : ordonnance du roi, portant réglement sur les marchés passés par les communes et par les établissemens publics.

TABLE DES MATIERES.

FONDATEURS
DE L'ÉCOLE DES COMMUNES

Pairs de France : MM. d'Argout, de Bondy (le comte), Mathieu Dumas (le comte), Villemain.

Députés : MM. Baude, Bérard, Blanc (Ed.), Bugeaud (le général), Cormenin (de), Gillon, Girod (de l'Ain), de Garraube, Laffitte (J.), Salle (le comte de), Renouard (Ch.), Thiers, Vatimesnil (de), Vatout.

Conseillers d'état et maîtres des requêtes : MM. Foudras, Genty de Bussy, Gérando (le comte de), Hochet, Macarel, Martineau, J. G. Ymbert.

Préfets et sous-préfets : MM. Bégé, Boullé (G.), Clamorgan, Delamarre, Dewareognes, Doumet de Giblas, d'Entraigues, Féburier (Th.), Gauja (P.), Jessaint (le baron de), Larreguy, Laurent de Jussieu, Le Marchand de-la-Faverie, Lesourd, Mancel, Messangère, Nérat de Lesguizé, Pellenc, Rivet, Siméon (le vicomte), Thiessé Léon).

Chefs de division et de bureau, maires, etc., etc. MM. Allard, *chef de bureau de l'instruction primaire* (ministère de l'instruction publique); Barrière, *chef de division à la préfecture de la Seine*; Belesta, *chef de bureau des contributions directes* (ministère des finances); Lanoë, *chef du bureau de la garde nationale* (ministère de l'intérieur); R. Dareste, *chef de bureau des contributions indirectes* (ministère des finances); Dupuis, *chef de bureau à l'administration du personnel* (ministère de l'intérieur); E. Durieu, *chef de bureau des communes* (ministère de l'intérieur), Leber, *chef de bureau du contentieux* (ministère de l'intérieur); Sénac, *chef de bureau* (ministère du commerce); Vallée, *chef du bureau du cadastre* (ministère des finances); Bouvattier, *maire du huitième arrondissement* (Paris); Artaud, *inspecteur général de l'université*; J. Boulatignier, *professeur de droit administratif*; Busche, *ancien préfet*; Chevalier, Dumesnil, *avocats à la cour de cassation et aux conseils du roi*; Lepec, *avocat à la cour royale de Paris*, auteur des commentaires du *Bulletin annoté des lois*; De Puibusque, *ancien sous-préfet*.

ASSOCIATION MUNICIPALE.

Tous les bons esprits s'accordent à reconnaître que c'est dans nos institutions municipales que reposent désormais la liberté, la prospérité et le calme intérieur du pays.

Guidés par cette conviction profonde, plusieurs citoyens honorables ont eu l'heureuse idée de créer, pour hâter et régulariser le développement de ces institutions, une vaste association, qui a pris le titre d'*Association municipale*.

Fondée dans l'intérêt de MM. les fonctionnaires de l'administration communale non moins que dans un but d'intérêt général, toutes les sympathies lui sont d'avance acquises. Déjà les premiers administrateurs du royaume l'ont honorée de leur suffrage, et le roi lui même a fait annoncer au directeur que ses bibliothèques seraient ouvertes aux ouvrages qu'elle publierait.

Un très-grand nombre de maires, d'adjoints, de conseillers municipaux, de membres des conseils généraux et des conseils d'arrondissement, de préfets et de sous-préfets ont déjà répondu à l'appel qu'elle a fait à tous les fonctionnaires et à tous les citoyens zélés.

On peut s'intéresser de deux manières à l'*Association municipale*.

1° Comme *membre correspondant* en souscrivant un abonnement à l'*Ecole de communes*, l'organe avoué de ses doctrines administratives;

2° Comme *actionnaire* en prenant une ou plusieurs actions de 100 fr. dans l'association, laquelle procure 1° un intérêt assuré de 6 p. 0/0; 2° des bénéfices qui croîtront en raison du succès des publications administratives; 3° une remise de 20 p. 0/0 sur le prix de l'*Ecole* et de 10 p. 0/0 sur les autres ouvrages.

Tout porteur d'action a le droit, pendant la durée de la Société, de prendre en échange de son action et pour sa valeur nominale de 100 fr., des ouvrages à son choix dans le catalogue des livres administratifs de la Société.

www.ingramcontent.com/pod-product-compliance
Lightning Source LLC
Chambersburg PA
CBHW071158200326
41519CB00018B/5277